KAREN BACHINI

O LIVRO SECRETO DOS MELHORES

PANDA BOOKS

Diretor editorial
Marcelo Duarte

Diretora comercial
Patty Pachas

Diretora de projetos especiais
Tatiana Fulas

Coordenadora editorial
Vanessa Sayuri Sawada

Assistentes editoriais
Juliana Silva
Mayara dos Santos Freitas

Assistente de arte
Carolina Ferreira

Colaboração
Isadora Attab

Impressão
Loyola

CIP – BRASIL. CATALOGAÇÃO NA FONTE
SINDICATO NACIONAL DOS EDITORES DE LIVROS, RJ

Bachini, Karen
O livro secreto dos melhores / Karen Bachini. – 1. ed. – São Paulo: Panda Books, 2015. 104 pp.

ISBN 978-85-7888-533-5

1. Amizade – Ficção infantojuvenil. 2. Ficção infantojuvenil brasileira. I. Título.

15-27274 CDD: 028.5
CDU: 087.5

2015

Um selo da Editora Original Ltda.
Rua Henrique Schaumann, 286, cj. 41
05413-010 – São Paulo – SP
Tel./Fax: (11) 3088-8444
edoriginal@pandabooks.com.br
www.pandabooks.com.br
Visite nosso Facebook, Instagram e Twitter.

APRESENTAÇÃO

Uma das minhas frases preferidas diz que os melhores relacionamentos são as amizades, porque a gente gosta de alguém e escolhe ser amigo dele. A amizade é um sentimento completamente livre – você não TEM que ser amigo de ninguém, você pode e deve ser amigo de quem você quiser e achar legal. Não é como família e paixão, que acontecem com a gente. As amizades nós é que fazemos acontecer. E é claro que ambos devem estar de acordo em serem amigos.

Pode já ter acontecido com você de escolher alguém para ser seu amigo e a pessoa ser mais tímida, ou não estar muito a fim da amizade, e você ter de se esforçar mais para a amizade dar certo. Uma vez eu queria muito ser amiga de uma menina do cabelo azul-claro que conheci na internet e fiquei torcendo secretamente para que no dia em que a gente se conhecesse tudo desse certo e ela gostasse de mim. Eu comecei a fuçar sobre a vida dela para descobrir as coisas de que ela gostava (e eu também), assim quando nos encontrássemos teríamos muito assunto em comum. Fui escolhendo minhas amizades e fazendo o que eu podia para elas darem certo. Mas a verdade é que se a menina do cabelo azul não gostasse de mim, não ia ter nem meia amizade =/. Por sorte ela gostou! \o/

O mais incrível das amizades que eu adquiri na vida é que eu as carrego há muitos anos, e não importa quanto tempo eu fique longe de alguém, o sentimento ainda está lá. Certa vez, meu irmão me contou que tinha uma menina estranha na sala dele que gostava de rock japonês. Eu fiquei doida e decidi que ela ia ser minha melhor amiga. É claro que eu tinha vergonha de falar com ela, eu nem sabia como ela era! Mas mandei presentes de amizade pelo meu irmão e nós viramos amigas. Mudamos de cidade, mas a amizade continuou. E hoje, anos depois, continuamos amigas e moramos até no mesmo prédio!

Nessa mesma época da escola, eu tinha outra amiga muito doida que pintava o cabelo de roxo e virou tatuadora – super--rebelde, né? Eu a deixei tatuar a minha bunda quando ela ainda estava treinando! Isso sim é prova de amizade! Hoje ela mora na Grécia e, mesmo falando com ela uma vez a cada dois meses, quando penso em quem são meus melhores amigos não a deixo de fora.

Também tenho um amigo, que viramos amigos porque ele era amigo do meu ex-noivo. Deu pra entender? Jogávamos videogame juntos e saíamos em grupo às vezes. O noivado acabou, mas a amizade permaneceu! Entra namoro e sai namoro, mas uma coisa não muda – a nossa amizade.

Também teve uma menina que casou e mudou para a minha cidade. Ela gostava de tudo que eu gostava, e eu acho que até hoje nós somos irmãs. Eu a apresento pra todo mundo assim, porque não tenho como justificar de outra maneira o que eu sinto por ela – e pela minha sobrinha! HÁ! Também ganhei um sobrinho. É tudo postiço, mas muito real. É como se fosse família mesmo e ponto-final. Tem amigos que a gente se apega tanto que viram família. E às vezes eles se encaixam na nossa família melhor do que nós mesmos.

Esses são só alguns exemplos de como a amizade verdadeira nasce e sobrevive ao tempo, à distância e aos acontecimentos da vida. Às vezes a gente briga, fica de bico, um monte de coisa acontece, mas quando a amizade é verdadeira, ela sobrevive a tudo. E muita coisa vai mudar na sua vida também, mas algumas pessoas vão te acompanhar para o resto dela. E são essas pessoas que devem preencher seu livro secreto. Essas são as melhores pessoas, os melhores amigos, o melhor grupo. E depois que elas preencherem este livro, você vai carregar o melhor delas para sempre com você!

Escolha com sabedoria e divirta-se!

quem é você?

1. Qual é o seu nome? ______________________________

2. Como os seus amigos te chamam? ______________________

3. E aquele apelido secreto que te dá vergonha, qual é? __________

____

4. Qual é a sua idade? ______________________________

5. Qual é o seu signo? ______________________________

6. Você confia na sua intuição? ◯ SIM ◯ NÃO

7. Qual é a sua cor favorita? __________________________

8. Quem aparece primeiro no seu chat do Facebook? ___________

9. Você tem irmãos? Quantos? _______________________

10. Se pudesse escolher um superpoder, qual seria? ___________

____

11. Você tem bichinhos de estimação? Quantos e quais? _________

____

12. Uma frase que você fala sempre: ____________________

____

13. Uma palavra que te descreve: ______________________

14. O que você mais inventa? ◯ PALAVRAS ◯ MODA ◯ MÚSICAS ◯ HISTÓRIAS ◯ PAIXÕES

15. O que mais te irrita? ____________________________

____

16. Você não vive sem: ______________________________

____

17. Você sabe falar outra língua? Qual?______________________________

18. Sua maior qualidade: ______________________________

19. Seu maior defeito:______________________________

20. Você prefere: ◯ DIA ◯ NOITE

21. O que te faz gargalhar? ______________________________

____

22. O que te faz ficar triste? ______________________________

____

23. Você é: ◯ TÍMIDX ◯ EXTROVERTIDX

24. A primeira coisa que você faz ao acordar: ______________________________

____

25. Seu brinquedo preferido da infância era: ______________________________

26. Melhor hábito: ______________________________

27. Pior hábito:______________________________

28. Você admite que...

◯ DANÇA COMO SE NINGUÉM ESTIVESSE VENDO

◯ COSTUMA SORRIR PARA ESTRANHOS NO ÔNIBUS

◯ ESCREVE CARTAS QUE NUNCA ENTREGA

◯ AMA ASSISTIR A UM SERIADO MUITO BREGA

◯ PASSA HORAS *STALKEANDO* PESSOAS NO FACEBOOK

29. Qual foi a última pessoa com quem você falou hoje?______________________________

30. Você liga para o que os outros falam de você? ◯ SIM ◯ NÃO

do que você GOSTA?

1. Qual foi a última coisa que você comeu? ______________________

2. Onde você costuma passar os feriados? ______________________

3. Do que você mais gosta? ☆ SOL ☆ CHUVA ☆ DIAS NUBLADOS

4. Você é: ☆ CAT MANIAC ☆ DOG PERSON

5. O que você prefere? ☆ CAFÉ ☆ CHÁ ☆ LEITE COM CHOCOLATE

6. Qual cidade você prefere? ☆ NOVA YORK ☆ LOS ANGELES

7. E na Europa? ☆ PARIS ☆ LONDRES

8. Qual é o seu maior talento? ______________________

9. Do que você mais gosta: ☆ SELFIE ☆ FOTO COM A GALERA

10. Qual emoji é a sua cara? ______________________

11. No colégio, onde você senta?

☆ NAS PRIMEIRAS CADEIRAS ☆ NO MEIO ☆ NO FUNDÃO

12. Qual foi a coisa mais maluca que você já fez? ______________________

____

____

13. Qual é o lugar que você mais quer conhecer? ______________________

____

14. Qual foi o melhor presente que você já deu à alguém? ______________________

____

15. Qual foi o melhor presente que você já ganhou?

____

16. Pão com... ______________________________

17. O que você prefere: ☆ DAR PRESENTE ☆ RECEBER PRESENTE

18. O que é mais importante? ☆ CHOCOLATE ☆ DINHEIRO

19. Qual é a sua estação favorita?

☆ VERÃO ☆ OUTONO ☆ INVERNO ☆ PRIMAVERA

20. Você gosta de surpresas? ______________________________

21. Quem seria a sua melhor amiga? ☆ KATY PERRY ☆ DEMI LOVATO

☆ MILEY CYRUS ☆ ARIANA GRANDE ☆ TAYLOR SWIFT

22. Três apps que você não vive sem: ______________________________

____

23. Para manter o corpo, você faz: ☆ ACADEMIA ☆ DIETA

☆ ESPORTES ☆ DANÇA ☆ NETFLIX E COBERTOR

24. Três coisas que você quer aprender a fazer: ______________________________

____

25. Minha comida preferida é: ☆ HAMBÚRGUER ☆ PIZZA ☆ BATATA FRITA

☆ TEMAKI ☆ SORVETE ☆ CHOCOLATE

26. Qual doce você não viveria sem? ______________________________

27. A melhor comida típica é: ______________________________

28. Seu quarto é... ☆ CADA COISA NO SEU LUGAR

☆ UMA BAGUNÇA ORGANIZADA ☆ UMA BAGUNÇA

29. Como seria seu quarto dos sonhos? ______________________________

____

____

30. Você se considera popular? ☆ SIM ☆ NÃO ☆ NÃO LIGO

seu Estilo

1. O que você está vestindo neste momento? ______________________________

____

2. Qual é a sua loja de roupas favorita? ______________________________

3. Você prefere: SAPATO TÊNIS CHINELO SALTO

4. Não pode viver sem: CORRETIVO BATOM MÁSCARA BASE BLUSH GEL PERFUME

5. Como você descreveria seu estilo? ______________________________

____

6. Você gosta mais de: PRATA DOURADO

7. Estampa preferida: LISTRAS FLORAL XADREZ BOLINHAS NÃO GOSTO DE ESTAMPAS

8. Com quem você gosta de fazer compras?

SOZINHX COM SUA MÃE COM SEUS AMIGXS

9. Qual é a peça favorita do seu armário? ______________________________

10. Qual é a cor que mais tem no seu armário? ______________________________

11. Acha mais bonito: SAIA LONGA SAIA MÍDI SAIA CURTA

12. O que você mais gosta de comprar? BOLSAS SAPATOS ROUPAS MAQUIAGEM BONÉS

13. Qual o seu corte de cabelo favorito? ______________________________

14. Como está o seu cabelo hoje? ______________________________

____

15. De qual destas cores você pintaria o seu cabelo?

LILÁS ROSA PLATINADO AZUL VERDE

16. Qual o seu estilo predileto de música? ______________________

17. Qual a música chiclete que está na sua cabeça agora? __________

____

18. Três coisas que você sempre leva, não importa aonde vá:________

____

19. Você faria tatuagens? SIM NÃO

20. E piercings? SIM NÃO

21. Qual tendência fashion você jamais usaria? __________________

____

22. De um a dez, sua habilidade com o delineador é... ____________

23. Como é a sua rotina de beleza? ____________________________

____

24. Você se acha bonitx? SIM NÃO

25. Como é seu perfume favorito? DOCE CÍTRICO FLORAL

26. Como você se veste? ESTILOSX BÁSICX

27. Como você gosta de ir para piscina/praia? MEIA TAÇA BOJO CORTININHA TOMARA QUE CAIA MAIÔ SUNGA SHORT

28. É do tipo que nunca tem nada para vestir? SIM NÃO

29. Se pudesse roubar o guarda-roupa de alguém, de quem seria? ______________________________________

30. Em quem você se inspira na hora de se vestir? ______

____

Como você se DIVERTE?

1. Seu tipo de filme favorito: COMÉDIA DRAMA ROMANCE FANTASIA AÇÃO TERROR

2. Qual foi o último filme que você viu? ______________________

3. Onde você prefere ver filmes? EM CASA NO CINEMA

4. Qual foi o último livro que você leu? ______________________

5. De qual *reality show* você participaria? MASTERCHEF AMERICA'S NEXT TOP MODEL BIG BROTHER THE VOICE

6. Qual ator/atriz deveria te interpretar no filme da sua vida? ________

____

7. Qual seria a trilha sonora do filme da sua vida? ______________

____

8. Qual é a sua série favorita? ______________________

9. Como seriam as suas férias perfeitas? PRAIA CAMPO EM CASA BALADAS FAZENDO COMPRAS PARQUE DE DIVERSÃO

10. Qual é sua rede social favorita?

WHATSAPP INSTAGRAM SNAPCHAT FACEBOOK

11. O que você prefere? NADAR CORRER PEDALAR

12. Qual seria sua estratégia na arena de *Jogos Vorazes*? __________

____

13. O que você faz numa sexta-feira à noite? FESTA COM AMIGXS LIVRO/NETFLIX BALADA PROGRAMINHA PARA DOIS

14. Quem é seu blogueiro favorito? ______________

15. Qual é o seu canal do YouTube preferido? ______________

16. Que pessoa famosa gostaria de ser por um dia? ______________

17. Que tipo de fã você é? ☐ DE BOA ☐ SEGUE EM TODAS AS REDES ☐ ESPERA NA PORTA DO HOTEL ☐ CHORA E DESMAIA

18. Qual famoso você gostaria de conhecer? ______________

19. Gosta mais de: ☐ YOUTUBE ☐ TV

20. Qual celebridade mais te irrita? ______________

21. Se sua vida fosse um seriado, qual seria? ☐ ONCE UPON A TIME ☐ GLEE ☐ PRETTY LITTLE LIARS ☐ HOW I MET YOUR MOTHER

22. Como você escolhe um livro? ☐ PELA CAPA ☐ PELA HISTÓRIA ☐ RECOMENDAÇÃO DE AMIGO ☐ RESENHA NUM BLOG/VLOG

23. Desenho animado favorito: ______________

24. Se você fosse um personagem de um livro, quem seria? ______________

____

25. Se você pudesse namorar um personagem de um livro, quem seria? ______________

26. Seu dia tem o mesmo número de horas que o da Beyoncé? ☐ SIM ☐ NÃO

27. Qual o último show a que você assistiu? ______________

____

28. Gosta de caraoquê? ☐ SIM ☐ NÃO

29. O que você prefere: ☐ PARQUE ☐ SHOPPING

30. Canta no chuveiro? ☐ SIM ☐ NÃO

Relacionamentos

1. Você já se apaixonou? ♡ SIM ♡ NÃO

2. Você está apaixonadx neste momento? ♡ SIM ♡ NÃO

3. Você já se apaixonou por umx amigx? ♡ SIM ♡ NÃO

4. Você já beijou? ♡ SIM ♡ NÃO

5. Como foi o seu primeiro beijo?________________________

____

6. Como é o primeiro beijo perfeito? ________________________

____

7. Acredita em amor à primeira vista? ♡ SIM ♡ NÃO

8. Com quem você gostaria de viver uma história de amor? ________

____

9. O que você prefere? ♡ FICAR ♡ NAMORAR ♡ ENROLAR

10. Você já beijou alguém do mesmo sexo? ♡ SIM ♡ NÃO

11. Quanto tempo seu relacionamento mais longo durou? Com quem foi?________________________________

12. O que mais te atrai? ♡ OLHOS ♡ SORRISO ♡ CABELO ♡ CORPO ♡ ESTILO ♡ ATITUDE ♡ PEGADA

13. Que tipo de pessoa te atrai? ♡ ESPORTISTA ♡ NERD ♡ ALTERNATIVA ♡ DESCOLADA ♡ DE BOA COM A VIDA

14. Três coisas que umx paquera tem que ter: ____________

____

15. Três coisas que umx paquera não pode ter: ______

____

16. Alguém já se declarou para você? Como foi? _____

____

17. Qual é o seu lugar preferido para paquerar? ______________

____

18. Quando você está solteirx você... ♡ FICA MEIO DEPRÊ EM CASA

♡ SE APAIXONA DE NOVO ♡ VAI À CAÇA ♡ CURTE COM OS AMIGOS

19. Como é o primeiro encontro ideal? ____________________

____

20. Quando você se interessa por alguém, como você age?

♡ CHEGA NELX ♡ ESPERA ELX CHEGAR ♡ FICA NERVOSX

21. Você prefere confiar: ♡ NO CORAÇÃO ♡ NA RAZÃO

22. Você já levou um fora? ♡ SIM ♡ NÃO

23. Qual é a melhor música para ouvir na fossa? ________

____

24. Qual é a melhor música para ouvir juntinho? ______________

25. Qual é o melhor filme para ver juntinho? ______________

26. Já namorou sem gostar da pessoa? ♡ SIM ♡ NÃO

27. Qual é a melhor maneira de chegar em alguém? ♡ PESSOALMENTE

♡ WHATSAPP ♡ PEDINDO PRX AMIGX ♡ BILHETE

28. Você já traiu umx namoradx? ♡ SIM ♡ NÃO

29. Você é bom em guardar segredos? ♡ SIM ♡ NÃO

30. Você é ciumentx? ♡ SIM ♡ NÃO

Passado e Futuro

1. Qual foi o momento mais legal da sua vida até agora? ____________

____

2. Terminando o ensino médio você pretende: ____________________

____

3. Que faculdade gostaria de cursar?________________________________

4. Como seria sua viagem dos sonhos? ______________________________

5. Para onde seria o intercâmbio perfeito? ___________________________

6. O que você prefere fazer no intercâmbio? ESTUDAR OUTRA LÍNGUA TRABALHAR FAZER HIGH SCHOOL CURTIR A VIDA

7. Num intercâmbio você prefere morar: SOZINHX COM FAMÍLIA

8. Com o que você gostaria de trabalhar?_____________________________

9. Como você se vê daqui a dez anos? ______________________________

____

10. Prefere ser: RICX FAMOSX

11. Se você pudesse viajar no tempo, para que momento voltaria?

____

12. O mundo tá precisando de mais___________e de menos__________.

13. Qual é a melhor coisa que vão inventar?_____________________

14. O que você quer muito que aconteça amanhã?________

____

15. Se pudesse escolher uma cidade no mundo para morar, qual seria? ____________________

16. O que você mudaria no mundo se pudesse? ____________

17. Em quais dessas coisas você acredita? ET PAPAI NOEL DEUS VIDA APÓS A MORTE CARMA ANJO

18. Você achou uma lâmpada mágica! Faça três desejos! ____________

____

____

19. Qual é o seu maior arrependimento? ____________________

20. Quem é o seu maior herói? ____________________

21. Você prefere: VIVER VIAJANDO TER UM CARGO IMPORTANTE

22. Qual é o seu maior sonho possível? ____________________

23. Qual é o seu maior sonho impossível? ____________________

24. Qual foi o melhor conselho que já te deram? ____________

____

25. Como você passaria seu dia se o mundo acabasse amanhã? NUMA FESTA COM AMIGOS COM A FAMÍLIA EM CASA COM O AMOR DA SUA VIDA SOZINHX, TENTANDO FUGIR

27. Se você pudesse trocar de vida por um dia com alguém, com quem seria? ____________________

26. O que você prefere? HUMANAS EXATAS BIOLÓGICAS

28. Onde você prefere viver? CIDADE GRANDE INTERIOR

29. Você sente saudade de alguém? Quem? ____________

30. Quem é a pessoa mais importante na sua vida? ____________

nossa AMIZADE

1. Qual é a lembrança da gente que você mais gosta?

2. Conte como a gente se conheceu usando cinco palavras:

3. Como seria a sua vida sem mim?

4. Quem foi sua primeira amizade verdadeira?

5. Quem foi a pessoa que mais te magoou?

6. O que te faz se sentir melhor quando você está de mau humor?

7. Antes de ligar para mim você ensaia o que vai dizer? SIM NÃO

8. Três coisas que a gente tem em comum:

9. O que você mais valoriza na nossa amizade?

10. O que amizade significa para você?

11. Defina a nossa amizade em uma palavra:

12. Conte uma coisa que ainda não sei sobre você:

13. Qual foi a última vez que você chorou?

14. O que machuca mais? SORRISO FALSO OLHAR FRIO

15. Você acabou de ganhar uma viagem com seus melhores amigos. Para onde você quer ir? ______________________

16. O que você considera mais importante?

◎ AMIZADE ◎ FAMÍLIA ◎ DINHEIRO ◎ DEUS

17. O que você sente quando estamos juntxs? ______________

____

18. Quais são os assuntos que você mais gosta de conversar comigo?

____

19. O que você considera um erro imperdoável? ______________

20. Você me perdoaria se o cometesse? ◎ SIM ◎ NÃO

21. Como você acha que seria nosso reencontro após anos sem nos vermos? ____________________________________

22. O lugar mais legal que a gente já foi: __________________

23. O que pesa mais na sua consciência? ◎ MENTIRA ◎ TRAIÇÃO

24. Você tem fotos comprometedoras na internet? ◎ SIM ◎ NÃO

25. Você sabe a minha senha no Facebook? ◎ SIM ◎ NÃO

26. Quantos amigos você tem no Facebook?__________________

27. Você conhece pelo menos metade dos seus amigos do Facebook?

◎ SIM ◎ NÃO

28. Já ficou bravx e deletou algum amigx do Facebook? ◎ SIM ◎ NÃO

29. Você acha que grandes amigxs podem virar inimigxs? ◎ SIM ◎ NÃO

30. Se você nunca mais fosse me ver, o que gostaria de dizer? ____________________________________

____

quem é você?

1. Qual é o seu nome? ______________________________

2. Como os seus amigos te chamam? ______________________

3. E aquele apelido secreto que te dá vergonha, qual é? __________

____

4. Qual é a sua idade? ______________________________

5. Qual é o seu signo? ______________________________

6. Você confia na sua intuição? ◯ SIM ◯ NÃO

7. Qual é a sua cor favorita? ___________________________

8. Quem aparece primeiro no seu chat do Facebook? __________

9. Você tem irmãos? Quantos? ______________________

10. Se pudesse escolher um superpoder, qual seria? __________

____

11. Você tem bichinhos de estimação? Quantos e quais? ________

____

12. Uma frase que você fala sempre: ____________________

____

13. Uma palavra que te descreve: _______________________

14. O que você mais inventa? ◯ PALAVRAS ◯ MODA ◯ MÚSICAS ◯ HISTÓRIAS ◯ PAIXÕES

15. O que mais te irrita? ____________________________

____

16. Você não vive sem: ______________________________

____

17. Você sabe falar outra língua? Qual? ____________________

18. Sua maior qualidade: ______________________________

19. Seu maior defeito: ________________________________

20. Você prefere: ◯ DIA ◯ NOITE

21. O que te faz gargalhar? ____________________________

____

22. O que te faz ficar triste? ___________________________

____

23. Você é: ◯ TÍMIDX ◯ EXTROVERTIDX

24. A primeira coisa que você faz ao acordar: ______________

____

25. Seu brinquedo preferido da infância era: _______________

26. Melhor hábito: __________________________________

27. Pior hábito: ____________________________________

28. Você admite que...

◯ DANÇA COMO SE NINGUÉM ESTIVESSE VENDO

◯ COSTUMA SORRIR PARA ESTRANHOS NO ÔNIBUS

◯ ESCREVE CARTAS QUE NUNCA ENTREGA

◯ AMA ASSISTIR A UM SERIADO MUITO BREGA

◯ PASSA HORAS *STALKEANDO* PESSOAS NO FACEBOOK

29. Qual foi a última pessoa com quem você falou hoje? __________

30. Você liga para o que os outros falam de você? ◯ SIM ◯ NÃO

do que você GOSTA?

1. Qual foi a última coisa que você comeu? ______________________

2. Onde você costuma passar os feriados? ______________________

3. Do que você mais gosta? ☆ SOL ☆ CHUVA ☆ DIAS NUBLADOS

4. Você é: ☆ CAT MANIAC ☆ DOG PERSON

5. O que você prefere? ☆ CAFÉ ☆ CHÁ ☆ LEITE COM CHOCOLATE

6. Qual cidade você prefere? ☆ NOVA YORK ☆ LOS ANGELES

7. E na Europa? ☆ PARIS ☆ LONDRES

8. Qual é o seu maior talento? ______________________

9. Do que você mais gosta: ☆ SELFIE ☆ FOTO COM A GALERA

10. Qual emoji é a sua cara? ______________________

11. No colégio, onde você senta?

☆ NAS PRIMEIRAS CADEIRAS ☆ NO MEIO ☆ NO FUNDÃO

12. Qual foi a coisa mais maluca que você já fez? ______________________

____

____

13. Qual é o lugar que você mais quer conhecer? ______________________

____

14. Qual foi o melhor presente que você já deu à alguém? ______________________

____

15. Qual foi o melhor presente que você já ganhou?

____

16. Pão com... ____________________

17. O que você prefere: ☆ DAR PRESENTE ☆ RECEBER PRESENTE

18. O que é mais importante? ☆ CHOCOLATE ☆ DINHEIRO

19. Qual é a sua estação favorita?

☆ VERÃO ☆ OUTONO ☆ INVERNO ☆ PRIMAVERA

20. Você gosta de surpresas? ____________________

21. Quem seria a sua melhor amiga? ☆ KATY PERRY ☆ DEMI LOVATO

☆ MILEY CYRUS ☆ ARIANA GRANDE ☆ TAYLOR SWIFT

22. Três apps que você não vive sem: ____________________

____

23. Para manter o corpo, você faz: ☆ ACADEMIA ☆ DIETA

☆ ESPORTES ☆ DANÇA ☆ NETFLIX E COBERTOR

24. Três coisas que você quer aprender a fazer: ____________________

____

25. Minha comida preferida é: ☆ HAMBÚRGUER ☆ PIZZA ☆ BATATA FRITA

☆ TEMAKI ☆ SORVETE ☆ CHOCOLATE

26. Qual doce você não viveria sem? ____________________

27. A melhor comida típica é: ____________________

28. Seu quarto é... ☆ CADA COISA NO SEU LUGAR

☆ UMA BAGUNÇA ORGANIZADA ☆ UMA BAGUNÇA

29. Como seria seu quarto dos sonhos? ____________________

____

____

30. Você se considera popular? ☆ SIM ☆ NÃO ☆ NÃO LIGO

seu Estilo

1. O que você está vestindo neste momento? ____________________

____

2. Qual é a sua loja de roupas favorita? ____________________

3. Você prefere: SAPATO TÊNIS CHINELO SALTO

4. Não pode viver sem: CORRETIVO BATOM MÁSCARA BASE BLUSH GEL PERFUME

5. Como você descreveria seu estilo? ____________________

____

6. Você gosta mais de: PRATA DOURADO

7. Estampa preferida: LISTRAS FLORAL XADREZ BOLINHAS NÃO GOSTO DE ESTAMPAS

8. Com quem você gosta de fazer compras?
SOZINHX COM SUA MÃE COM SEUS AMIGXS

9. Qual é a peça favorita do seu armário? ____________________

10. Qual é a cor que mais tem no seu armário? ____________________

11. Acha mais bonito: SAIA LONGA SAIA MÍDI SAIA CURTA

12. O que você mais gosta de comprar? BOLSAS SAPATOS ROUPAS MAQUIAGEM BONÉS

13. Qual o seu corte de cabelo favorito? ____________________

14. Como está o seu cabelo hoje? ____________________

____

15. De qual destas cores você pintaria o seu cabelo?

LILÁS ROSA PLATINADO AZUL VERDE

16. Qual o seu estilo predileto de música? ______________________

17. Qual a música chiclete que está na sua cabeça agora? __________

____

18. Três coisas que você sempre leva, não importa aonde vá: ________

____

19. Você faria tatuagens? SIM NÃO

20. E piercings? SIM NÃO

21. Qual tendência fashion você jamais usaria? __________________

____

22. De um a dez, sua habilidade com o delineador é... ____________

23. Como é a sua rotina de beleza? ____________________________

____

24. Você se acha bonitx? SIM NÃO

25. Como é seu perfume favorito? DOCE CÍTRICO FLORAL

26. Como você se veste? ESTILOSX BÁSICX

27. Como você gosta de ir para piscina/praia? MEIA TAÇA BOJO CORTININHA TOMARA QUE CAIA MAIÔ SUNGA SHORT

28. É do tipo que nunca tem nada para vestir? SIM NÃO

29. Se pudesse roubar o guarda-roupa de alguém, de quem seria? ______________________________

30. Em quem você se inspira na hora de se vestir? ______

____

como você se DIVERTE?

1. Seu tipo de filme favorito: COMÉDIA DRAMA ROMANCE FANTASIA AÇÃO TERROR

2. Qual foi o último filme que você viu? ______

3. Onde você prefere ver filmes? EM CASA NO CINEMA

4. Qual foi o último livro que você leu? ______

5. De qual *reality show* você participaria? MASTERCHEF AMERICA'S NEXT TOP MODEL BIG BROTHER THE VOICE

6. Qual ator/atriz deveria te interpretar no filme da sua vida? ______

______

7. Qual seria a trilha sonora do filme da sua vida? ______

______

8. Qual é a sua série favorita? ______

9. Como seriam as suas férias perfeitas? PRAIA CAMPO EM CASA BALADAS FAZENDO COMPRAS PARQUE DE DIVERSÃO

10. Qual é sua rede social favorita? WHATSAPP INSTAGRAM SNAPCHAT FACEBOOK

11. O que você prefere? NADAR CORRER PEDALAR

12. Qual seria sua estratégia na arena de *Jogos Vorazes*? ______

______

13. O que você faz numa sexta-feira à noite? FESTA COM AMIGXS LIVRO/NETFLIX BALADA PROGRAMINHA PARA DOIS

14. Quem é seu blogueiro favorito? ______________

15. Qual é o seu canal do YouTube preferido? ______________

16. Que pessoa famosa gostaria de ser por um dia? __________

17. Que tipo de fã você é? 👍 DE BOA 👍 SEGUE EM TODAS AS REDES 👍 ESPERA NA PORTA DO HOTEL 👍 CHORA E DESMAIA

18. Qual famoso você gostaria de conhecer? ______________

19. Gosta mais de: 👍 YOUTUBE 👍 TV

20. Qual celebridade mais te irrita? ______________

21. Se sua vida fosse um seriado, qual seria? 👍 ONCE UPON A TIME 👍 GLEE 👍 PRETTY LITTLE LIARS 👍 HOW I MET YOUR MOTHER

22. Como você escolhe um livro? 👍 PELA CAPA 👍 PELA HISTÓRIA 👍 RECOMENDAÇÃO DE AMIGO 👍 RESENHA NUM BLOG/VLOG

23. Desenho animado favorito: ______________

24. Se você fosse um personagem de um livro, quem seria? __________

____

25. Se você pudesse namorar um personagem de um livro, quem seria? ______________

26. Seu dia tem o mesmo número de horas que o da Beyoncé? 👍 SIM 👎 NÃO

27. Qual o último show a que você assistiu? __________

____

28. Gosta de caraoquê? 👍 SIM 👎 NÃO

29. O que você prefere: 👍 PARQUE 👍 SHOPPING

30. Canta no chuveiro? 👍 SIM 👎 NÃO

Relacionamentos

1. Você já se apaixonou? ♡ SIM ♡ NÃO

2. Você está apaixonadx neste momento? ♡ SIM ♡ NÃO

3. Você já se apaixonou por umx amigx? ♡ SIM ♡ NÃO

4. Você já beijou? ♡ SIM ♡ NÃO

5. Como foi o seu primeiro beijo? ______________________________

____

6. Como é o primeiro beijo perfeito? ____________________________

____

7. Acredita em amor à primeira vista? ♡ SIM ♡ NÃO

8. Com quem você gostaria de viver uma história de amor? ________

____

9. O que você prefere? ♡ FICAR ♡ NAMORAR ♡ ENROLAR

10. Você já beijou alguém do mesmo sexo? ♡ SIM ♡ NÃO

11. Quanto tempo seu relacionamento mais longo durou? Com quem foi? ____

12. O que mais te atrai? ♡ OLHOS ♡ SORRISO ♡ CABELO ♡ CORPO ♡ ESTILO ♡ ATITUDE ♡ PEGADA

13. Que tipo de pessoa te atrai? ♡ ESPORTISTA ♡ NERD ♡ ALTERNATIVA ♡ DESCOLADA ♡ DE BOA COM A VIDA

14. Três coisas que umx paquera tem que ter: ____________

____

15. Três coisas que umx paquera não pode ter: ______

______

16. Alguém já se declarou para você? Como foi? ______

______

17. Qual é o seu lugar preferido para paquerar? ______

______

18. Quando você está solteirx você... ♡ FICA MEIO DEPRÊ EM CASA ♡ SE APAIXONA DE NOVO ♡ VAI À CAÇA ♡ CURTE COM OS AMIGOS

19. Como é o primeiro encontro ideal? ______

______

20. Quando você se interessa por alguém, como você age?

♡ CHEGA NELX ♡ ESPERA ELX CHEGAR ♡ FICA NERVOSX

21. Você prefere confiar: ♡ NO CORAÇÃO ♡ NA RAZÃO

22. Você já levou um fora? ♡ SIM ♡ NÃO

23. Qual é a melhor música para ouvir na fossa? ______

______

24. Qual é a melhor música para ouvir juntinho? ______

25. Qual é o melhor filme para ver juntinho? ______

26. Já namorou sem gostar da pessoa? ♡ SIM ♡ NÃO

27. Qual é a melhor maneira de chegar em alguém? ♡ PESSOALMENTE ♡ WHATSAPP ♡ PEDINDO PRX AMIGX ♡ BILHETE

28. Você já traiu umx namoradx? ♡ SIM ♡ NÃO

29. Você é bom em guardar segredos? ♡ SIM ♡ NÃO

30. Você é ciumentx? ♡ SIM ♡ NÃO

Passado e Futuro

1. Qual foi o momento mais legal da sua vida até agora? ____________

____

2. Terminando o ensino médio você pretende: ____________

____

3. Que faculdade gostaria de cursar?____________

4. Como seria sua viagem dos sonhos? ____________

5. Para onde seria o intercâmbio perfeito? ____________

6. O que você prefere fazer no intercâmbio? ESTUDAR OUTRA LÍNGUA TRABALHAR FAZER HIGH SCHOOL CURTIR A VIDA

7. Num intercâmbio você prefere morar: SOZINHX COM FAMÍLIA

8. Com o que você gostaria de trabalhar?____________

9. Como você se vê daqui a dez anos? ____________

____

10. Prefere ser: RICX FAMOSX

11. Se você pudesse viajar no tempo, para que momento voltaria?

____

12. O mundo tá precisando de mais__________e de menos__________.

13. Qual é a melhor coisa que vão inventar?____________

14. O que você quer muito que aconteça amanhã?____________

____

15. Se pudesse escolher uma cidade no mundo para morar, qual seria? ____________________

16. O que você mudaria no mundo se pudesse? ____________

17. Em quais dessas coisas você acredita? ET | PAPAI NOEL | DEUS | VIDA APÓS A MORTE | CARMA | ANJO

18. Você achou uma lâmpada mágica! Faça três desejos! ____________

____

____

19. Qual é o seu maior arrependimento? ____________

20. Quem é o seu maior herói? ____________

21. Você prefere: VIVER VIAJANDO | TER UM CARGO IMPORTANTE

22. Qual é o seu maior sonho possível? ____________

23. Qual é o seu maior sonho impossível? ____________

24. Qual foi o melhor conselho que já te deram? ____________

____

25. Como você passaria seu dia se o mundo acabasse amanhã?
NUMA FESTA COM AMIGOS | COM A FAMÍLIA EM CASA
COM O AMOR DA SUA VIDA | SOZINHX, TENTANDO FUGIR

27. Se você pudesse trocar de vida por um dia com alguém, com quem seria? ____________

26. O que você prefere? HUMANAS | EXATAS | BIOLÓGICAS

28. Onde você prefere viver? CIDADE GRANDE | INTERIOR

29. Você sente saudade de alguém? Quem? ____________

30. Quem é a pessoa mais importante na sua vida? ____________

nossa AMIZADE

1. Qual é a lembrança da gente que você mais gosta?______________

____

2. Conte como a gente se conheceu usando cinco palavras:_________

____

3. Como seria a sua vida sem mim? _____________________________

4. Quem foi sua primeira amizade verdadeira?_____________________

5. Quem foi a pessoa que mais te magoou?_______________________

6. O que te faz se sentir melhor quando você está de mau humor?

____

7. Antes de ligar para mim você ensaia o que vai dizer? ◎ SIM ◎ NÃO

8. Três coisas que a gente tem em comum: _______________________

____

9. O que você mais valoriza na nossa amizade? ____________________

10. O que amizade significa para você?__________________________

____

11. Defina a nossa amizade em uma palavra: _____________________

12. Conte uma coisa que ainda não sei sobre você: ________________

____

13. Qual foi a última vez que você chorou?________________________

14. O que machuca mais? ◎ SORRISO FALSO ◎ OLHAR FRIO

15. Você acabou de ganhar uma viagem com seus melhores amigos. Para onde você quer ir? ______________________________

16. O que você considera mais importante?

AMIZADE FAMÍLIA DINHEIRO DEUS

17. O que você sente quando estamos juntxs? ______________________

____

18. Quais são os assuntos que você mais gosta de conversar comigo?

____

19. O que você considera um erro imperdoável? ____________________

20. Você me perdoaria se o cometesse? SIM NÃO

21. Como você acha que seria nosso reencontro após anos sem nos vermos? ____

22. O lugar mais legal que a gente já foi: ___________________________

23. O que pesa mais na sua consciência? MENTIRA TRAIÇÃO

24. Você tem fotos comprometedoras na internet? SIM NÃO

25. Você sabe a minha senha no Facebook? SIM NÃO

26. Quantos amigos você tem no Facebook?____________________________

27. Você conhece pelo menos metade dos seus amigos do Facebook?

SIM NÃO

28. Já ficou bravx e deletou algum amigx do Facebook? SIM NÃO

29. Você acha que grandes amigxs podem virar inimigxs? SIM NÃO

30. Se você nunca mais fosse me ver, o que gostaria de dizer? ____

____

quem é você?

1. Qual é o seu nome? ____________________

2. Como os seus amigos te chamam? ____________________

3. E aquele apelido secreto que te dá vergonha, qual é? ____________________

____

4. Qual é a sua idade? ____________________

5. Qual é o seu signo? ____________________

6. Você confia na sua intuição? ◯ SIM ◯ NÃO

7. Qual é a sua cor favorita? ____________________

8. Quem aparece primeiro no seu chat do Facebook? ____________________

9. Você tem irmãos? Quantos? ____________________

10. Se pudesse escolher um superpoder, qual seria? ____________________

____

11. Você tem bichinhos de estimação? Quantos e quais? ____________________

____

12. Uma frase que você fala sempre: ____________________

____

13. Uma palavra que te descreve: ____________________

14. O que você mais inventa? ◯ PALAVRAS ◯ MODA ◯ MÚSICAS ◯ HISTÓRIAS ◯ PAIXÕES

15. O que mais te irrita? ____________________

____

16. Você não vive sem: ______________________________

____

17. Você sabe falar outra língua? Qual? ______________________

18. Sua maior qualidade: ______________________________

19. Seu maior defeito: ______________________________

20. Você prefere: ○ DIA ○ NOITE

21. O que te faz gargalhar? ______________________________

____

22. O que te faz ficar triste? ______________________________

____

23. Você é: ○ TÍMIDX ○ EXTROVERTIDX

24. A primeira coisa que você faz ao acordar: ____________________

____

25. Seu brinquedo preferido da infância era: ____________________

26. Melhor hábito: ______________________________

27. Pior hábito: ______________________________

28. Você admite que...

○ DANÇA COMO SE NINGUÉM ESTIVESSE VENDO

○ COSTUMA SORRIR PARA ESTRANHOS NO ÔNIBUS

○ ESCREVE CARTAS QUE NUNCA ENTREGA

○ AMA ASSISTIR A UM SERIADO MUITO BREGA

○ PASSA HORAS *STALKEANDO* PESSOAS NO FACEBOOK

29. Qual foi a última pessoa com quem você falou hoje? ______________

30. Você liga para o que os outros falam de você? ○ SIM ○ NÃO

do que você GOSTA?

1. Qual foi a última coisa que você comeu? ____________________

2. Onde você costuma passar os feriados? ____________________

3. Do que você mais gosta? ☆ SOL ☆ CHUVA ☆ DIAS NUBLADOS

4. Você é: ☆ CAT MANIAC ☆ DOG PERSON

5. O que você prefere? ☆ CAFÉ ☆ CHÁ ☆ LEITE COM CHOCOLATE

6. Qual cidade você prefere? ☆ NOVA YORK ☆ LOS ANGELES

7. E na Europa? ☆ PARIS ☆ LONDRES

8. Qual é o seu maior talento? ____________________

9. Do que você mais gosta: ☆ SELFIE ☆ FOTO COM A GALERA

10. Qual emoji é a sua cara? ____________________

11. No colégio, onde você senta?

☆ NAS PRIMEIRAS CADEIRAS ☆ NO MEIO ☆ NO FUNDÃO

12. Qual foi a coisa mais maluca que você já fez? ____________________

____

____

13. Qual é o lugar que você mais quer conhecer? ____________________

____

14. Qual foi o melhor presente que você já deu à alguém? ____________________

____

15. Qual foi o melhor presente que você já ganhou?

____

16. Pão com... ______________________

17. O que você prefere: ☆ DAR PRESENTE ☆ RECEBER PRESENTE

18. O que é mais importante? ☆ CHOCOLATE ☆ DINHEIRO

19. Qual é a sua estação favorita?

☆ VERÃO ☆ OUTONO ☆ INVERNO ☆ PRIMAVERA

20. Você gosta de surpresas? ______________________

21. Quem seria a sua melhor amiga? ☆ KATY PERRY ☆ DEMI LOVATO

☆ MILEY CYRUS ☆ ARIANA GRANDE ☆ TAYLOR SWIFT

22. Três apps que você não vive sem: ______________________

____

23. Para manter o corpo, você faz: ☆ ACADEMIA ☆ DIETA

☆ ESPORTES ☆ DANÇA ☆ NETFLIX E COBERTOR

24. Três coisas que você quer aprender a fazer: ______________________

____

25. Minha comida preferida é: ☆ HAMBÚRGUER ☆ PIZZA ☆ BATATA FRITA

☆ TEMAKI ☆ SORVETE ☆ CHOCOLATE

26. Qual doce você não viveria sem? ______________________

27. A melhor comida típica é: ______________________

28. Seu quarto é... ☆ CADA COISA NO SEU LUGAR

☆ UMA BAGUNÇA ORGANIZADA ☆ UMA BAGUNÇA

29. Como seria seu quarto dos sonhos? ______________________

____

____

30. Você se considera popular? ☆ SIM ☆ NÃO ☆ NÃO LIGO

seu Estilo

1. O que você está vestindo neste momento? ______________________

____

2. Qual é a sua loja de roupas favorita? ______________________

3. Você prefere: SAPATO TÊNIS CHINELO SALTO

4. Não pode viver sem: CORRETIVO BATOM MÁSCARA BASE BLUSH GEL PERFUME

5. Como você descreveria seu estilo?______________________

____

6. Você gosta mais de: PRATA DOURADO

7. Estampa preferida: LISTRAS FLORAL XADREZ BOLINHAS NÃO GOSTO DE ESTAMPAS

8. Com quem você gosta de fazer compras?
SOZINHX COM SUA MÃE COM SEUS AMIGXS

9. Qual é a peça favorita do seu armário? ______________________

10. Qual é a cor que mais tem no seu armário? ______________________

11. Acha mais bonito: SAIA LONGA SAIA MÍDI SAIA CURTA

12. O que você mais gosta de comprar? BOLSAS SAPATOS ROUPAS MAQUIAGEM BONÉS

13. Qual o seu corte de cabelo favorito?______________________

14. Como está o seu cabelo hoje? ______________________

____

15. De qual destas cores você pintaria o seu cabelo?

☐ LILÁS ☐ ROSA ☐ PLATINADO ☐ AZUL ☐ VERDE

16. Qual o seu estilo predileto de música? ____________________

17. Qual a música chiclete que está na sua cabeça agora? ________

____

18. Três coisas que você sempre leva, não importa aonde vá: ________

____

19. Você faria tatuagens? ☐ SIM ☐ NÃO

20. E piercings? ☐ SIM ☐ NÃO

21. Qual tendência fashion você jamais usaria? ________________

____

22. De um a dez, sua habilidade com o delineador é... __________

23. Como é a sua rotina de beleza? ________________________

____

24. Você se acha bonitx? ☐ SIM ☐ NÃO

25. Como é seu perfume favorito? ☐ DOCE ☐ CÍTRICO ☐ FLORAL

26. Como você se veste? ☐ ESTILOSX ☐ BÁSICX

27. Como você gosta de ir para piscina/praia? ☐ MEIA TAÇA ☐ BOJO ☐ CORTININHA ☐ TOMARA QUE CAIA ☐ MAIÔ ☐ SUNGA ☐ SHORT

28. É do tipo que nunca tem nada para vestir? ☐ SIM ☐ NÃO

29. Se pudesse roubar o guarda-roupa de alguém, de quem seria? ________________________

30. Em quem você se inspira na hora de se vestir? ______

____

Como você se DIVERTE?

1. Seu tipo de filme favorito: COMÉDIA DRAMA ROMANCE FANTASIA AÇÃO TERROR

2. Qual foi o último filme que você viu? ___________________________

3. Onde você prefere ver filmes? EM CASA NO CINEMA

4. Qual foi o último livro que você leu? ___________________________

5. De qual *reality show* você participaria? MASTERCHEF AMERICA'S NEXT TOP MODEL BIG BROTHER THE VOICE

6. Qual ator/atriz deveria te interpretar no filme da sua vida? ________

____

7. Qual seria a trilha sonora do filme da sua vida? ________________

____

8. Qual é a sua série favorita? ___________________________

9. Como seriam as suas férias perfeitas? PRAIA CAMPO EM CASA BALADAS FAZENDO COMPRAS PARQUE DE DIVERSÃO

10. Qual é sua rede social favorita?
WHATSAPP INSTAGRAM SNAPCHAT FACEBOOK

11. O que você prefere? NADAR CORRER PEDALAR

12. Qual seria sua estratégia na arena de *Jogos Vorazes*? __________

____

13. O que você faz numa sexta-feira à noite? FESTA COM AMIGXS LIVRO/NETFLIX BALADA PROGRAMINHA PARA DOIS

14. Quem é seu blogueiro favorito? ______________

15. Qual é o seu canal do YouTube preferido? ______________

16. Que pessoa famosa gostaria de ser por um dia? ______________

17. Que tipo de fã você é? DE BOA SEGUE EM TODAS AS REDES ESPERA NA PORTA DO HOTEL CHORA E DESMAIA

18. Qual famoso você gostaria de conhecer? ______________

19. Gosta mais de: YOUTUBE TV

20. Qual celebridade mais te irrita? ______________

21. Se sua vida fosse um seriado, qual seria? ONCE UPON A TIME GLEE PRETTY LITTLE LIARS HOW I MET YOUR MOTHER

22. Como você escolhe um livro? PELA CAPA PELA HISTÓRIA RECOMENDAÇÃO DE AMIGO RESENHA NUM BLOG/VLOG

23. Desenho animado favorito: ______________

24. Se você fosse um personagem de um livro, quem seria? ______________

____

25. Se você pudesse namorar um personagem de um livro, quem seria? ______________

26. Seu dia tem o mesmo número de horas que o da Beyoncé? SIM NÃO

27. Qual o último show a que você assistiu? ______________

____

28. Gosta de caraoquê? SIM NÃO

29. O que você prefere: PARQUE SHOPPING

30. Canta no chuveiro? SIM NÃO

Relacionamentos

1. Você já se apaixonou? SIM NÃO

2. Você está apaixonadx neste momento? SIM NÃO

3. Você já se apaixonou por umx amigx? SIM NÃO

4. Você já beijou? SIM NÃO

5. Como foi o seu primeiro beijo? ____________________

____

6. Como é o primeiro beijo perfeito? ____________________

____

7. Acredita em amor à primeira vista? SIM NÃO

8. Com quem você gostaria de viver uma história de amor? ____________________

____

9. O que você prefere? FICAR NAMORAR ENROLAR

10. Você já beijou alguém do mesmo sexo? SIM NÃO

11. Quanto tempo seu relacionamento mais longo durou? Com quem foi? ____________________

12. O que mais te atrai? OLHOS SORRISO CABELO CORPO ESTILO ATITUDE PEGADA

13. Que tipo de pessoa te atrai? ESPORTISTA NERD ALTERNATIVA DESCOLADA DE BOA COM A VIDA

14. Três coisas que umx paquera tem que ter: ____________________

____

15. Três coisas que umx paquera não pode ter: ______

____

16. Alguém já se declarou para você? Como foi? _____

____

17. Qual é o seu lugar preferido para paquerar? ______________

____

18. Quando você está solteirx você... ♡ FICA MEIO DEPRÊ EM CASA ♡ SE APAIXONA DE NOVO ♡ VAI À CAÇA ♡ CURTE COM OS AMIGOS

19. Como é o primeiro encontro ideal? ____________________

____

20. Quando você se interessa por alguém, como você age? ♡ CHEGA NELX ♡ ESPERA ELX CHEGAR ♡ FICA NERVOSX

21. Você prefere confiar: ♡ NO CORAÇÃO ♡ NA RAZÃO

22. Você já levou um fora? ♡ SIM ♡ NÃO

23. Qual é a melhor música para ouvir na fossa? ________

____

24. Qual é a melhor música para ouvir juntinho? ______________

25. Qual é o melhor filme para ver juntinho? ______________

26. Já namorou sem gostar da pessoa? ♡ SIM ♡ NÃO

27. Qual é a melhor maneira de chegar em alguém? ♡ PESSOALMENTE ♡ WHATSAPP ♡ PEDINDO PRX AMIGX ♡ BILHETE

28. Você já traiu umx namoradx? ♡ SIM ♡ NÃO

29. Você é bom em guardar segredos? ♡ SIM ♡ NÃO

30. Você é ciumentx? ♡ SIM ♡ NÃO

passado e Futuro

1. Qual foi o momento mais legal da sua vida até agora? ____________

____

2. Terminando o ensino médio você pretende: ____________

____

3. Que faculdade gostaria de cursar? ____________

4. Como seria sua viagem dos sonhos? ____________

5. Para onde seria o intercâmbio perfeito? ____________

6. O que você prefere fazer no intercâmbio? ESTUDAR OUTRA LÍNGUA · TRABALHAR · FAZER HIGH SCHOOL · CURTIR A VIDA

7. Num intercâmbio você prefere morar: SOZINHX · COM FAMÍLIA

8. Com o que você gostaria de trabalhar? ____________

9. Como você se vê daqui a dez anos? ____________

____

10. Prefere ser: RICX · FAMOSX

11. Se você pudesse viajar no tempo, para que momento voltaria?

____

12. O mundo tá precisando de mais __________ e de menos __________.

13. Qual é a melhor coisa que vão inventar? ____________

14. O que você quer muito que aconteça amanhã? ____________

____

15. Se pudesse escolher uma cidade no mundo para morar, qual seria? ______________________________

16. O que você mudaria no mundo se pudesse? __________

17. Em quais dessas coisas você acredita? ET PAPAI NOEL DEUS VIDA APÓS A MORTE CARMA ANJO

18. Você achou uma lâmpada mágica! Faça três desejos! __________

____

____

19. Qual é o seu maior arrependimento? ______________

20. Quem é o seu maior herói? ______________

21. Você prefere: VIVER VIAJANDO TER UM CARGO IMPORTANTE

22. Qual é o seu maior sonho possível? ______________

23. Qual é o seu maior sonho impossível? ______________

24. Qual foi o melhor conselho que já te deram? ______________

____

25. Como você passaria seu dia se o mundo acabasse amanhã?
NUMA FESTA COM AMIGOS COM A FAMÍLIA EM CASA
COM O AMOR DA SUA VIDA SOZINHX, TENTANDO FUGIR

27. Se você pudesse trocar de vida por um dia com alguém, com quem seria? ______________________________

26. O que você prefere? HUMANAS EXATAS BIOLÓGICAS

28. Onde você prefere viver? CIDADE GRANDE INTERIOR

29. Você sente saudade de alguém? Quem? ______________

30. Quem é a pessoa mais importante na sua vida? __________

nossa AMIZADE

1. Qual é a lembrança da gente que você mais gosta?________________

____

2. Conte como a gente se conheceu usando cinco palavras:__________

____

3. Como seria a sua vida sem mim? ____________________________

4. Quem foi sua primeira amizade verdadeira?____________________

5. Quem foi a pessoa que mais te magoou?_______________________

6. O que te faz se sentir melhor quando você está de mau humor?

____

7. Antes de ligar para mim você ensaia o que vai dizer? SIM NÃO

8. Três coisas que a gente tem em comum: ______________________

____

9. O que você mais valoriza na nossa amizade? ____________________

10. O que amizade significa para você?__________________________

____

11. Defina a nossa amizade em uma palavra: ______________________

12. Conte uma coisa que ainda não sei sobre você: _________________

____

13. Qual foi a última vez que você chorou?_______________________

14. O que machuca mais? SORRISO FALSO OLHAR FRIO

15. Você acabou de ganhar uma viagem com seus melhores amigos. Para onde você quer ir? ______________________

16. O que você considera mais importante?

◎ AMIZADE ◎ FAMÍLIA ◎ DINHEIRO ◎ DEUS

17. O que você sente quando estamos juntxs? ________________

____

18. Quais são os assuntos que você mais gosta de conversar comigo?

____

19. O que você considera um erro imperdoável? ______________

20. Você me perdoaria se o cometesse? ◎ SIM ◎ NÃO

21. Como você acha que seria nosso reencontro após anos sem nos vermos? ____

22. O lugar mais legal que a gente já foi: ___________________

23. O que pesa mais na sua consciência? ◎ MENTIRA ◎ TRAIÇÃO

24. Você tem fotos comprometedoras na internet? ◎ SIM ◎ NÃO

25. Você sabe a minha senha no Facebook? ◎ SIM ◎ NÃO

26. Quantos amigos você tem no Facebook?__________________

27. Você conhece pelo menos metade dos seus amigos do Facebook?

◎ SIM ◎ NÃO

28. Já ficou bravx e deletou algum amigx do Facebook? ◎ SIM ◎ NÃO

29. Você acha que grandes amigxs podem virar inimigxs? ◎ SIM ◎ NÃO

30. Se você nunca mais fosse me ver, o que gostaria de dizer? ____________________________________

____

quem é você?

1. Qual é o seu nome? ______________________

2. Como os seus amigos te chamam? ______________________

3. E aquele apelido secreto que te dá vergonha, qual é? ______________________

____

4. Qual é a sua idade? ______________________

5. Qual é o seu signo? ______________________

6. Você confia na sua intuição? ○ SIM ○ NÃO

7. Qual é a sua cor favorita? ______________________

8. Quem aparece primeiro no seu chat do Facebook? ______________________

9. Você tem irmãos? Quantos? ______________________

10. Se pudesse escolher um superpoder, qual seria? ______________________

____

11. Você tem bichinhos de estimação? Quantos e quais? ______________________

____

12. Uma frase que você fala sempre: ______________________

____

13. Uma palavra que te descreve: ______________________

14. O que você mais inventa? ○ PALAVRAS ○ MODA ○ MÚSICAS ○ HISTÓRIAS ○ PAIXÕES

15. O que mais te irrita? ______________________

____

16. Você não vive sem: ____________________

____

17. Você sabe falar outra língua? Qual? ____________________

18. Sua maior qualidade: ____________________

19. Seu maior defeito: ____________________

20. Você prefere: ◯ DIA ◯ NOITE

21. O que te faz gargalhar? ____________________

____

22. O que te faz ficar triste? ____________________

____

23. Você é: ◯ TÍMIDX ◯ EXTROVERTIDX

24. A primeira coisa que você faz ao acordar: ____________________

____

25. Seu brinquedo preferido da infância era: ____________________

26. Melhor hábito: ____________________

27. Pior hábito: ____________________

28. Você admite que...

◯ DANÇA COMO SE NINGUÉM ESTIVESSE VENDO

◯ COSTUMA SORRIR PARA ESTRANHOS NO ÔNIBUS

◯ ESCREVE CARTAS QUE NUNCA ENTREGA

◯ AMA ASSISTIR A UM SERIADO MUITO BREGA

◯ PASSA HORAS *STALKEANDO* PESSOAS NO FACEBOOK

29. Qual foi a última pessoa com quem você falou hoje? ____________________

30. Você liga para o que os outros falam de você? ◯ SIM ◯ NÃO

do que você GOSTA?

1. Qual foi a última coisa que você comeu? ____________

2. Onde você costuma passar os feriados? ____________

3. Do que você mais gosta? ☆ SOL ☆ CHUVA ☆ DIAS NUBLADOS

4. Você é: ☆ CAT MANIAC ☆ DOG PERSON

5. O que você prefere? ☆ CAFÉ ☆ CHÁ ☆ LEITE COM CHOCOLATE

6. Qual cidade você prefere? ☆ NOVA YORK ☆ LOS ANGELES

7. E na Europa? ☆ PARIS ☆ LONDRES

8. Qual é o seu maior talento? ____________

9. Do que você mais gosta: ☆ SELFIE ☆ FOTO COM A GALERA

10. Qual emoji é a sua cara? ____________

11. No colégio, onde você senta?

☆ NAS PRIMEIRAS CADEIRAS ☆ NO MEIO ☆ NO FUNDÃO

12. Qual foi a coisa mais maluca que você já fez? ____________

____

____

13. Qual é o lugar que você mais quer conhecer? ____________

____

14. Qual foi o melhor presente que você já deu à alguém? ____________

____

15. Qual foi o melhor presente que você já ganhou?

____

16. Pão com... ______________________________

17. O que você prefere: ☆ DAR PRESENTE ☆ RECEBER PRESENTE

18. O que é mais importante? ☆ CHOCOLATE ☆ DINHEIRO

19. Qual é a sua estação favorita?

☆ VERÃO ☆ OUTONO ☆ INVERNO ☆ PRIMAVERA

20. Você gosta de surpresas? ______________________________

21. Quem seria a sua melhor amiga? ☆ KATY PERRY ☆ DEMI LOVATO

☆ MILEY CYRUS ☆ ARIANA GRANDE ☆ TAYLOR SWIFT

22. Três apps que você não vive sem: ______________________________

____

23. Para manter o corpo, você faz: ☆ ACADEMIA ☆ DIETA

☆ ESPORTES ☆ DANÇA ☆ NETFLIX E COBERTOR

24. Três coisas que você quer aprender a fazer: ______________________________

____

25. Minha comida preferida é: ☆ HAMBÚRGUER ☆ PIZZA ☆ BATATA FRITA

☆ TEMAKI ☆ SORVETE ☆ CHOCOLATE

26. Qual doce você não viveria sem? ______________________________

27. A melhor comida típica é: ______________________________

28. Seu quarto é... ☆ CADA COISA NO SEU LUGAR

☆ UMA BAGUNÇA ORGANIZADA ☆ UMA BAGUNÇA

29. Como seria seu quarto dos sonhos? ______________________________

____

____

30. Você se considera popular? ☆ SIM ☆ NÃO ☆ NÃO LIGO

seu Estilo

1. O que você está vestindo neste momento? ______________________

____

2. Qual é a sua loja de roupas favorita? ______________________

3. Você prefere: ☐ SAPATO ☐ TÊNIS ☐ CHINELO ☐ SALTO

4. Não pode viver sem: ☐ CORRETIVO ☐ BATOM ☐ MÁSCARA ☐ BASE ☐ BLUSH ☐ GEL ☐ PERFUME

5. Como você descreveria seu estilo? ______________________

____

6. Você gosta mais de: ☐ PRATA ☐ DOURADO

7. Estampa preferida: ☐ LISTRAS ☐ FLORAL ☐ XADREZ ☐ BOLINHAS ☐ NÃO GOSTO DE ESTAMPAS

8. Com quem você gosta de fazer compras?

☐ SOZINHX ☐ COM SUA MÃE ☐ COM SEUS AMIGXS

9. Qual é a peça favorita do seu armário? ______________________

10. Qual é a cor que mais tem no seu armário? ______________________

11. Acha mais bonito: ☐ SAIA LONGA ☐ SAIA MÍDI ☐ SAIA CURTA

12. O que você mais gosta de comprar? ☐ BOLSAS ☐ SAPATOS ☐ ROUPAS ☐ MAQUIAGEM ☐ BONÉS

13. Qual o seu corte de cabelo favorito? ______________________

14. Como está o seu cabelo hoje? ______________________

____

15. De qual destas cores você pintaria o seu cabelo?

LILÁS ROSA PLATINADO AZUL VERDE

16. Qual o seu estilo predileto de música? ____________________

17. Qual a música chiclete que está na sua cabeça agora? __________

____

18. Três coisas que você sempre leva, não importa aonde vá:________

____

19. Você faria tatuagens? SIM NÃO

20. E piercings? SIM NÃO

21. Qual tendência fashion você jamais usaria? ________________

____

22. De um a dez, sua habilidade com o delineador é... __________

23. Como é a sua rotina de beleza? ______________________

____

24. Você se acha bonitx? SIM NÃO

25. Como é seu perfume favorito? DOCE CÍTRICO FLORAL

26. Como você se veste? ESTILOSX BÁSICX

27. Como você gosta de ir para piscina/praia? MEIA TAÇA BOJO CORTININHA TOMARA QUE CAIA MAIÔ SUNGA SHORT

28. É do tipo que nunca tem nada para vestir? SIM NÃO

29. Se pudesse roubar o guarda-roupa de alguém, de quem seria? ______________________

30. Em quem você se inspira na hora de se vestir? ______

____

Como você se DIVERTE?

1. Seu tipo de filme favorito: COMÉDIA DRAMA ROMANCE FANTASIA AÇÃO TERROR

2. Qual foi o último filme que você viu? ____________________

3. Onde você prefere ver filmes? EM CASA NO CINEMA

4. Qual foi o último livro que você leu? ____________________

5. De qual *reality show* você participaria? MASTERCHEF AMERICA'S NEXT TOP MODEL BIG BROTHER THE VOICE

6. Qual ator/atriz deveria te interpretar no filme da sua vida? ____________________

____

7. Qual seria a trilha sonora do filme da sua vida? ____________________

____

8. Qual é a sua série favorita? ____________________

9. Como seriam as suas férias perfeitas? PRAIA CAMPO EM CASA BALADAS FAZENDO COMPRAS PARQUE DE DIVERSÃO

10. Qual é sua rede social favorita?

WHATSAPP INSTAGRAM SNAPCHAT FACEBOOK

11. O que você prefere? NADAR CORRER PEDALAR

12. Qual seria sua estratégia na arena de *Jogos Vorazes*? ____________________

____

13. O que você faz numa sexta-feira à noite? FESTA COM AMIGXS LIVRO/NETFLIX BALADA PROGRAMINHA PARA DOIS

14. Quem é seu blogueiro favorito? ______________

15. Qual é o seu canal do YouTube preferido? ______________

16. Que pessoa famosa gostaria de ser por um dia? ______________

17. Que tipo de fã você é? DE BOA / SEGUE EM TODAS AS REDES / ESPERA NA PORTA DO HOTEL / CHORA E DESMAIA

18. Qual famoso você gostaria de conhecer? ______________

19. Gosta mais de: YOUTUBE / TV

20. Qual celebridade mais te irrita? ______________

21. Se sua vida fosse um seriado, qual seria? ONCE UPON A TIME / GLEE / PRETTY LITTLE LIARS / HOW I MET YOUR MOTHER

22. Como você escolhe um livro? PELA CAPA / PELA HISTÓRIA / RECOMENDAÇÃO DE AMIGO / RESENHA NUM BLOG/VLOG

23. Desenho animado favorito: ______________

24. Se você fosse um personagem de um livro, quem seria? ______________

____

25. Se você pudesse namorar um personagem de um livro, quem seria? ______________

26. Seu dia tem o mesmo número de horas que o da Beyoncé? SIM / NÃO

27. Qual o último show a que você assistiu? ______________

____

28. Gosta de caraoquê? SIM / NÃO

29. O que você prefere: PARQUE / SHOPPING

30. Canta no chuveiro? SIM / NÃO

Relacionamentos

1. Você já se apaixonou? ♡ SIM ♡ NÃO

2. Você está apaixonadx neste momento? ♡ SIM ♡ NÃO

3. Você já se apaixonou por umx amigx? ♡ SIM ♡ NÃO

4. Você já beijou? ♡ SIM ♡ NÃO

5. Como foi o seu primeiro beijo? ______________________________

____

6. Como é o primeiro beijo perfeito? ___________________________

____

7. Acredita em amor à primeira vista? ♡ SIM ♡ NÃO

8. Com quem você gostaria de viver uma história de amor? __________

____

9. O que você prefere? ♡ FICAR ♡ NAMORAR ♡ ENROLAR

10. Você já beijou alguém do mesmo sexo? ♡ SIM ♡ NÃO

11. Quanto tempo seu relacionamento mais longo durou? Com quem foi? ______________________________

12. O que mais te atrai? ♡ OLHOS ♡ SORRISO ♡ CABELO ♡ CORPO ♡ ESTILO ♡ ATITUDE ♡ PEGADA

13. Que tipo de pessoa te atrai? ♡ ESPORTISTA ♡ NERD ♡ ALTERNATIVA ♡ DESCOLADA ♡ DE BOA COM A VIDA

14. Três coisas que umx paquera tem que ter: ______________

____

15. Três coisas que umx paquera não pode ter: _______

____

16. Alguém já se declarou para você? Como foi? _____

____

17. Qual é o seu lugar preferido para paquerar? ______________

____

18. Quando você está solteirx você... ♡ FICA MEIO DEPRÊ EM CASA ♡ SE APAIXONA DE NOVO ♡ VAI À CAÇA ♡ CURTE COM OS AMIGOS

19. Como é o primeiro encontro ideal? ______________

____

20. Quando você se interessa por alguém, como você age? ♡ CHEGA NELX ♡ ESPERA ELX CHEGAR ♡ FICA NERVOSX

21. Você prefere confiar: ♡ NO CORAÇÃO ♡ NA RAZÃO

22. Você já levou um fora? ♡ SIM ♡ NÃO

23. Qual é a melhor música para ouvir na fossa? _________

____

24. Qual é a melhor música para ouvir juntinho? ______________

25. Qual é o melhor filme para ver juntinho? ______________

26. Já namorou sem gostar da pessoa? ♡ SIM ♡ NÃO

27. Qual é a melhor maneira de chegar em alguém? ♡ PESSOALMENTE ♡ WHATSAPP ♡ PEDINDO PRX AMIGX ♡ BILHETE

28. Você já traiu umx namoradx? ♡ SIM ♡ NÃO

29. Você é bom em guardar segredos? ♡ SIM ♡ NÃO

30. Você é ciumentx? ♡ SIM ♡ NÃO

Passado e Futuro

1. Qual foi o momento mais legal da sua vida até agora? ______________

____

2. Terminando o ensino médio você pretende: ______________

____

3. Que faculdade gostaria de cursar? ______________

4. Como seria sua viagem dos sonhos? ______________

5. Para onde seria o intercâmbio perfeito? ______________

6. O que você prefere fazer no intercâmbio? ESTUDAR OUTRA LÍNGUA TRABALHAR FAZER HIGH SCHOOL CURTIR A VIDA

7. Num intercâmbio você prefere morar: SOZINHX COM FAMÍLIA

8. Com o que você gostaria de trabalhar? ______________

9. Como você se vê daqui a dez anos? ______________

____

10. Prefere ser: RICX FAMOSX

11. Se você pudesse viajar no tempo, para que momento voltaria?

____

12. O mundo tá precisando de mais __________ e de menos __________.

13. Qual é a melhor coisa que vão inventar? ______________

14. O que você quer muito que aconteça amanhã? ______________

____

15. Se pudesse escolher uma cidade no mundo para morar, qual seria? ____________________

16. O que você mudaria no mundo se pudesse? ____________________

17. Em quais dessas coisas você acredita? ET PAPAI NOEL DEUS VIDA APÓS A MORTE CARMA ANJO

18. Você achou uma lâmpada mágica! Faça três desejos! ____________________

____

____

19. Qual é o seu maior arrependimento? ____________________

20. Quem é o seu maior herói? ____________________

21. Você prefere: VIVER VIAJANDO TER UM CARGO IMPORTANTE

22. Qual é o seu maior sonho possível? ____________________

23. Qual é o seu maior sonho impossível? ____________________

24. Qual foi o melhor conselho que já te deram? ____________________

____

25. Como você passaria seu dia se o mundo acabasse amanhã?
NUMA FESTA COM AMIGOS COM A FAMÍLIA EM CASA
COM O AMOR DA SUA VIDA SOZINHX, TENTANDO FUGIR

27. Se você pudesse trocar de vida por um dia com alguém, com quem seria? ____________________

26. O que você prefere? HUMANAS EXATAS BIOLÓGICAS

28. Onde você prefere viver? CIDADE GRANDE INTERIOR

29. Você sente saudade de alguém? Quem? ____________________

30. Quem é a pessoa mais importante na sua vida? ____________________

nossa AMIZADE

1. Qual é a lembrança da gente que você mais gosta?________

2. Conte como a gente se conheceu usando cinco palavras:________

3. Como seria a sua vida sem mim? ________

4. Quem foi sua primeira amizade verdadeira?________

5. Quem foi a pessoa que mais te magoou?________

6. O que te faz se sentir melhor quando você está de mau humor?

7. Antes de ligar para mim você ensaia o que vai dizer? ◎ SIM ◎ NÃO

8. Três coisas que a gente tem em comum: ________

9. O que você mais valoriza na nossa amizade? ________

10. O que amizade significa para você?________

11. Defina a nossa amizade em uma palavra: ________

12. Conte uma coisa que ainda não sei sobre você: ________

13. Qual foi a última vez que você chorou?________

14. O que machuca mais? ◎ SORRISO FALSO ◎ OLHAR FRIO

15. Você acabou de ganhar uma viagem com seus melhores amigos. Para onde você quer ir? ______________________

16. O que você considera mais importante?

◎ AMIZADE ◎ FAMÍLIA ◎ DINHEIRO ◎ DEUS

17. O que você sente quando estamos juntxs? ______________________

____

18. Quais são os assuntos que você mais gosta de conversar comigo?

____

19. O que você considera um erro imperdoável? ______________________

20. Você me perdoaria se o cometesse? ◎ SIM ◎ NÃO

21. Como você acha que seria nosso reencontro após anos sem nos vermos? ______________________

22. O lugar mais legal que a gente já foi: ______________________

23. O que pesa mais na sua consciência? ◎ MENTIRA ◎ TRAIÇÃO

24. Você tem fotos comprometedoras na internet? ◎ SIM ◎ NÃO

25. Você sabe a minha senha no Facebook? ◎ SIM ◎ NÃO

26. Quantos amigos você tem no Facebook? ______________________

27. Você conhece pelo menos metade dos seus amigos do Facebook?

◎ SIM ◎ NÃO

28. Já ficou bravx e deletou algum amigx do Facebook? ◎ SIM ◎ NÃO

29. Você acha que grandes amigxs podem virar inimigxs? ◎ SIM ◎ NÃO

30. Se você nunca mais fosse me ver, o que gostaria de dizer? ______________________

____

quem é você?

1. Qual é o seu nome? ____________________

2. Como os seus amigos te chamam? ____________________

3. E aquele apelido secreto que te dá vergonha, qual é? ____________________

4. Qual é a sua idade? ____________________

5. Qual é o seu signo? ____________________

6. Você confia na sua intuição? ◯ SIM ◯ NÃO

7. Qual é a sua cor favorita? ____________________

8. Quem aparece primeiro no seu chat do Facebook? ____________________

9. Você tem irmãos? Quantos? ____________________

10. Se pudesse escolher um superpoder, qual seria? ____________________

11. Você tem bichinhos de estimação? Quantos e quais? ____________________

12. Uma frase que você fala sempre: ____________________

13. Uma palavra que te descreve: ____________________

14. O que você mais inventa? ◯ PALAVRAS ◯ MODA ◯ MÚSICAS ◯ HISTÓRIAS ◯ PAIXÕES

15. O que mais te irrita? ____________________

16. Você não vive sem: ______________________________

____

17. Você sabe falar outra língua? Qual? ______________________________

18. Sua maior qualidade: ______________________________

19. Seu maior defeito: ______________________________

20. Você prefere: ◯ DIA ◯ NOITE

21. O que te faz gargalhar? ______________________________

____

22. O que te faz ficar triste? ______________________________

____

23. Você é: ◯ TÍMIDX ◯ EXTROVERTIDX

24. A primeira coisa que você faz ao acordar: ______________________________

____

25. Seu brinquedo preferido da infância era: ______________________________

26. Melhor hábito: ______________________________

27. Pior hábito: ______________________________

28. Você admite que...

◯ DANÇA COMO SE NINGUÉM ESTIVESSE VENDO

◯ COSTUMA SORRIR PARA ESTRANHOS NO ÔNIBUS

◯ ESCREVE CARTAS QUE NUNCA ENTREGA

◯ AMA ASSISTIR A UM SERIADO MUITO BREGA

◯ PASSA HORAS *STALKEANDO* PESSOAS NO FACEBOOK

29. Qual foi a última pessoa com quem você falou hoje? ______________________________

30. Você liga para o que os outros falam de você? ◯ SIM ◯ NÃO

do que você GOSTA?

1. Qual foi a última coisa que você comeu? ____________

2. Onde você costuma passar os feriados? ____________

3. Do que você mais gosta? ☆ SOL ☆ CHUVA ☆ DIAS NUBLADOS

4. Você é: ☆ CAT MANIAC ☆ DOG PERSON

5. O que você prefere? ☆ CAFÉ ☆ CHÁ ☆ LEITE COM CHOCOLATE

6. Qual cidade você prefere? ☆ NOVA YORK ☆ LOS ANGELES

7. E na Europa? ☆ PARIS ☆ LONDRES

8. Qual é o seu maior talento? ____________

9. Do que você mais gosta: ☆ SELFIE ☆ FOTO COM A GALERA

10. Qual emoji é a sua cara? ____________

11. No colégio, onde você senta?

☆ NAS PRIMEIRAS CADEIRAS ☆ NO MEIO ☆ NO FUNDÃO

12. Qual foi a coisa mais maluca que você já fez? ____________

____

____

13. Qual é o lugar que você mais quer conhecer? ____________

____

14. Qual foi o melhor presente que você já deu à alguém? ____________

____

15. Qual foi o melhor presente que você já ganhou?

____

16. Pão com...________________________________

17. O que você prefere: ☆ DAR PRESENTE ☆ RECEBER PRESENTE

18. O que é mais importante? ☆ CHOCOLATE ☆ DINHEIRO

19. Qual é a sua estação favorita?

☆ VERÃO ☆ OUTONO ☆ INVERNO ☆ PRIMAVERA

20. Você gosta de surpresas?________________________________

21. Quem seria a sua melhor amiga? ☆ KATY PERRY ☆ DEMI LOVATO

☆ MILEY CYRUS ☆ ARIANA GRANDE ☆ TAYLOR SWIFT

22. Três apps que você não vive sem: ________________________

____

23. Para manter o corpo, você faz: ☆ ACADEMIA ☆ DIETA

☆ ESPORTES ☆ DANÇA ☆ NETFLIX E COBERTOR

24. Três coisas que você quer aprender a fazer:________________

____

25. Minha comida preferida é: ☆ HAMBÚRGUER ☆ PIZZA ☆ BATATA FRITA

☆ TEMAKI ☆ SORVETE ☆ CHOCOLATE

26. Qual doce você não viveria sem?________________________

27. A melhor comida típica é: ________________________

28. Seu quarto é... ☆ CADA COISA NO SEU LUGAR

☆ UMA BAGUNÇA ORGANIZADA ☆ UMA BAGUNÇA

29. Como seria seu quarto dos sonhos? ____________________

____

____

30. Você se considera popular? ☆ SIM ☆ NÃO ☆ NÃO LIGO

seu Estilo

1. O que você está vestindo neste momento? ______________________

____

2. Qual é a sua loja de roupas favorita? ______________________

3. Você prefere: ☐ SAPATO ☐ TÊNIS ☐ CHINELO ☐ SALTO

4. Não pode viver sem: ☐ CORRETIVO ☐ BATOM ☐ MÁSCARA ☐ BASE ☐ BLUSH ☐ GEL ☐ PERFUME

5. Como você descreveria seu estilo? ______________________

____

6. Você gosta mais de: ☐ PRATA ☐ DOURADO

7. Estampa preferida: ☐ LISTRAS ☐ FLORAL ☐ XADREZ ☐ BOLINHAS ☐ NÃO GOSTO DE ESTAMPAS

8. Com quem você gosta de fazer compras?

☐ SOZINHX ☐ COM SUA MÃE ☐ COM SEUS AMIGXS

9. Qual é a peça favorita do seu armário? ______________________

10. Qual é a cor que mais tem no seu armário? ______________________

11. Acha mais bonito: ☐ SAIA LONGA ☐ SAIA MÍDI ☐ SAIA CURTA

12. O que você mais gosta de comprar? ☐ BOLSAS ☐ SAPATOS ☐ ROUPAS ☐ MAQUIAGEM ☐ BONÉS

13. Qual o seu corte de cabelo favorito? ______________________

14. Como está o seu cabelo hoje? ______________________

____

15. De qual destas cores você pintaria o seu cabelo?

LILÁS ROSA PLATINADO AZUL VERDE

16. Qual o seu estilo predileto de música? ____________________

17. Qual a música chiclete que está na sua cabeça agora? __________

____

18. Três coisas que você sempre leva, não importa aonde vá: ________

____

19. Você faria tatuagens? SIM NÃO

20. E piercings? SIM NÃO

21. Qual tendência fashion você jamais usaria? _______________

____

22. De um a dez, sua habilidade com o delineador é... __________

23. Como é a sua rotina de beleza? ________________________

____

24. Você se acha bonitx? SIM NÃO

25. Como é seu perfume favorito? DOCE CÍTRICO FLORAL

26. Como você se veste? ESTILOSX BÁSICX

27. Como você gosta de ir para piscina/praia? MEIA TAÇA BOJO CORTININHA TOMARA QUE CAIA MAIÔ SUNGA SHORT

28. É do tipo que nunca tem nada para vestir? SIM NÃO

29. Se pudesse roubar o guarda-roupa de alguém,

de quem seria? ______________________________________

30. Em quem você se inspira na hora de se vestir? ______

____

Como você se DIVERTE?

1. Seu tipo de filme favorito: COMÉDIA DRAMA ROMANCE FANTASIA AÇÃO TERROR

2. Qual foi o último filme que você viu? ____________________

3. Onde você prefere ver filmes? EM CASA NO CINEMA

4. Qual foi o último livro que você leu? ____________________

5. De qual *reality show* você participaria? MASTERCHEF AMERICA'S NEXT TOP MODEL BIG BROTHER THE VOICE

6. Qual ator/atriz deveria te interpretar no filme da sua vida? ________

____

7. Qual seria a trilha sonora do filme da sua vida? ____________

____

8. Qual é a sua série favorita? ____________________

9. Como seriam as suas férias perfeitas? PRAIA CAMPO EM CASA BALADAS FAZENDO COMPRAS PARQUE DE DIVERSÃO

10. Qual é sua rede social favorita?
WHATSAPP INSTAGRAM SNAPCHAT FACEBOOK

11. O que você prefere? NADAR CORRER PEDALAR

12. Qual seria sua estratégia na arena de *Jogos Vorazes*? __________

____

13. O que você faz numa sexta-feira à noite? FESTA COM AMIGXS LIVRO/NETFLIX BALADA PROGRAMINHA PARA DOIS

14. Quem é seu blogueiro favorito? ____________________

15. Qual é o seu canal do YouTube preferido? ______________

16. Que pessoa famosa gostaria de ser por um dia? __________

17. Que tipo de fã você é? DE BOA SEGUE EM TODAS AS REDES ESPERA NA PORTA DO HOTEL CHORA E DESMAIA

18. Qual famoso você gostaria de conhecer? ______________________

19. Gosta mais de: YOUTUBE TV

20. Qual celebridade mais te irrita? ______________________________

21. Se sua vida fosse um seriado, qual seria? ONCE UPON A TIME GLEE PRETTY LITTLE LIARS HOW I MET YOUR MOTHER

22. Como você escolhe um livro? PELA CAPA PELA HISTÓRIA RECOMENDAÇÃO DE AMIGO RESENHA NUM BLOG/VLOG

23. Desenho animado favorito: ___________________________________

24. Se você fosse um personagem de um livro, quem seria? __________

____

25. Se você pudesse namorar um personagem de um livro, quem seria? ____

26. Seu dia tem o mesmo número de horas que o da Beyoncé? SIM NÃO

27. Qual o último show a que você assistiu? ____________

____

28. Gosta de caraoquê? SIM NÃO

29. O que você prefere: PARQUE SHOPPING

30. Canta no chuveiro? SIM NÃO

Relacionamentos

1. Você já se apaixonou? ♡ SIM ♡ NÃO

2. Você está apaixonadx neste momento? ♡ SIM ♡ NÃO

3. Você já se apaixonou por umx amigx? ♡ SIM ♡ NÃO

4. Você já beijou? ♡ SIM ♡ NÃO

5. Como foi o seu primeiro beijo? ________________________

____

6. Como é o primeiro beijo perfeito? ________________________

____

7. Acredita em amor à primeira vista? ♡ SIM ♡ NÃO

8. Com quem você gostaria de viver uma história de amor? ________

____

9. O que você prefere? ♡ FICAR ♡ NAMORAR ♡ ENROLAR

10. Você já beijou alguém do mesmo sexo? ♡ SIM ♡ NÃO

11. Quanto tempo seu relacionamento mais longo durou? Com quem foi? ________________________

12. O que mais te atrai? ♡ OLHOS ♡ SORRISO ♡ CABELO ♡ CORPO ♡ ESTILO ♡ ATITUDE ♡ PEGADA

13. Que tipo de pessoa te atrai? ♡ ESPORTISTA ♡ NERD ♡ ALTERNATIVA ♡ DESCOLADA ♡ DE BOA COM A VIDA

14. Três coisas que umx paquera tem que ter: ________

____

15. Três coisas que umx paquera não pode ter: ______

____

16. Alguém já se declarou para você? Como foi? ______

____

17. Qual é o seu lugar preferido para paquerar? ______________

____

18. Quando você está solteirx você... ♡ FICA MEIO DEPRÊ EM CASA ♡ SE APAIXONA DE NOVO ♡ VAI À CAÇA ♡ CURTE COM OS AMIGOS

19. Como é o primeiro encontro ideal? ______________

____

20. Quando você se interessa por alguém, como você age?

♡ CHEGA NELX ♡ ESPERA ELX CHEGAR ♡ FICA NERVOSX

21. Você prefere confiar: ♡ NO CORAÇÃO ♡ NA RAZÃO

22. Você já levou um fora? ♡ SIM ♡ NÃO

23. Qual é a melhor música para ouvir na fossa? ________

____

24. Qual é a melhor música para ouvir juntinho? ______________

25. Qual é o melhor filme para ver juntinho? ______________

26. Já namorou sem gostar da pessoa? ♡ SIM ♡ NÃO

27. Qual é a melhor maneira de chegar em alguém? ♡ PESSOALMENTE ♡ WHATSAPP ♡ PEDINDO PRX AMIGX ♡ BILHETE

28. Você já traiu umx namoradx? ♡ SIM ♡ NÃO

29. Você é bom em guardar segredos? ♡ SIM ♡ NÃO

30. Você é ciumentx? ♡ SIM ♡ NÃO

passado e Futuro

1. Qual foi o momento mais legal da sua vida até agora? ____________

____

2. Terminando o ensino médio você pretende: ____________

____

3. Que faculdade gostaria de cursar? ____________

4. Como seria sua viagem dos sonhos? ____________

5. Para onde seria o intercâmbio perfeito? ____________

6. O que você prefere fazer no intercâmbio? ESTUDAR OUTRA LÍNGUA TRABALHAR FAZER HIGH SCHOOL CURTIR A VIDA

7. Num intercâmbio você prefere morar: SOZINHX COM FAMÍLIA

8. Com o que você gostaria de trabalhar? ____________

9. Como você se vê daqui a dez anos? ____________

____

10. Prefere ser: RICX FAMOSX

11. Se você pudesse viajar no tempo, para que momento voltaria?

____

12. O mundo tá precisando de mais __________ e de menos __________.

13. Qual é a melhor coisa que vão inventar? ____________

14. O que você quer muito que aconteça amanhã? ____________

____

15. Se pudesse escolher uma cidade no mundo para morar, qual seria? ______________________________

16. O que você mudaria no mundo se pudesse? __________

17. Em quais dessas coisas você acredita? ET PAPAI NOEL DEUS VIDA APÓS A MORTE CARMA ANJO

18. Você achou uma lâmpada mágica! Faça três desejos! __________

____

____

19. Qual é o seu maior arrependimento? ______________

20. Quem é o seu maior herói? ______________________

21. Você prefere: VIVER VIAJANDO TER UM CARGO IMPORTANTE

22. Qual é o seu maior sonho possível? ______________

23. Qual é o seu maior sonho impossível? ____________

24. Qual foi o melhor conselho que já te deram? __________

____

25. Como você passaria seu dia se o mundo acabasse amanhã?
NUMA FESTA COM AMIGOS COM A FAMÍLIA EM CASA
COM O AMOR DA SUA VIDA SOZINHX, TENTANDO FUGIR

27. Se você pudesse trocar de vida por um dia com alguém, com quem seria? ______________________________

26. O que você prefere? HUMANAS EXATAS BIOLÓGICAS

28. Onde você prefere viver? CIDADE GRANDE INTERIOR

29. Você sente saudade de alguém? Quem? __________

30. Quem é a pessoa mais importante na sua vida? ________

nossa AMIZADE

1. Qual é a lembrança da gente que você mais gosta?______________

____

2. Conte como a gente se conheceu usando cinco palavras:__________

____

3. Como seria a sua vida sem mim? __________________________

4. Quem foi sua primeira amizade verdadeira?__________________

5. Quem foi a pessoa que mais te magoou?______________________

6. O que te faz se sentir melhor quando você está de mau humor?

____

7. Antes de ligar para mim você ensaia o que vai dizer? SIM NÃO

8. Três coisas que a gente tem em comum: ______________________

____

9. O que você mais valoriza na nossa amizade? __________________

10. O que amizade significa para você?________________________

____

11. Defina a nossa amizade em uma palavra: _____________________

12. Conte uma coisa que ainda não sei sobre você: ________________

____

13. Qual foi a última vez que você chorou?______________________

14. O que machuca mais? SORRISO FALSO OLHAR FRIO

15. Você acabou de ganhar uma viagem com seus melhores amigos. Para onde você quer ir? ______________________________

16. O que você considera mais importante?

◎ AMIZADE ◎ FAMÍLIA ◎ DINHEIRO ◎ DEUS

17. O que você sente quando estamos juntxs? ______________________

____

18. Quais são os assuntos que você mais gosta de conversar comigo?

____

19. O que você considera um erro imperdoável? ____________________

20. Você me perdoaria se o cometesse? ◎ SIM ◎ NÃO

21. Como você acha que seria nosso reencontro após anos sem nos vermos? ____

22. O lugar mais legal que a gente já foi: ___________________________

23. O que pesa mais na sua consciência? ◎ MENTIRA ◎ TRAIÇÃO

24. Você tem fotos comprometedoras na internet? ◎ SIM ◎ NÃO

25. Você sabe a minha senha no Facebook? ◎ SIM ◎ NÃO

26. Quantos amigos você tem no Facebook?_________________________

27. Você conhece pelo menos metade dos seus amigos do Facebook?

◎ SIM ◎ NÃO

28. Já ficou bravx e deletou algum amigx do Facebook? ◎ SIM ◎ NÃO

29. Você acha que grandes amigxs podem virar inimigxs? ◎ SIM ◎ NÃO

30. Se você nunca mais fosse me ver, o que gostaria de dizer? ____

____

quem é você?

1. Qual é o seu nome? ________________

2. Como os seus amigos te chamam? ________________

3. E aquele apelido secreto que te dá vergonha, qual é? ________________

4. Qual é a sua idade? ________________

5. Qual é o seu signo? ________________

6. Você confia na sua intuição? ◯ SIM ◯ NÃO

7. Qual é a sua cor favorita? ________________

8. Quem aparece primeiro no seu chat do Facebook? ________________

9. Você tem irmãos? Quantos? ________________

10. Se pudesse escolher um superpoder, qual seria? ________________

11. Você tem bichinhos de estimação? Quantos e quais? ________________

12. Uma frase que você fala sempre: ________________

13. Uma palavra que te descreve: ________________

14. O que você mais inventa? ◯ PALAVRAS ◯ MODA ◯ MÚSICAS ◯ HISTÓRIAS ◯ PAIXÕES

15. O que mais te irrita? ________________

16. Você não vive sem: ______________________________

____

17. Você sabe falar outra língua? Qual?______________________________

18. Sua maior qualidade: ______________________________

19. Seu maior defeito:______________________________

20. Você prefere: ◯ DIA ◯ NOITE

21. O que te faz gargalhar? ______________________________

____

22. O que te faz ficar triste? ______________________________

____

23. Você é: ◯ TÍMIDX ◯ EXTROVERTIDX

24. A primeira coisa que você faz ao acordar: ______________________________

____

25. Seu brinquedo preferido da infância era: ______________________________

26. Melhor hábito: ______________________________

27. Pior hábito:______________________________

28. Você admite que...

◯ DANÇA COMO SE NINGUÉM ESTIVESSE VENDO

◯ COSTUMA SORRIR PARA ESTRANHOS NO ÔNIBUS

◯ ESCREVE CARTAS QUE NUNCA ENTREGA

◯ AMA ASSISTIR A UM SERIADO MUITO BREGA

◯ PASSA HORAS *STALKEANDO* PESSOAS NO FACEBOOK

29. Qual foi a última pessoa com quem você falou hoje?______________________________

30. Você liga para o que os outros falam de você? ◯ SIM ◯ NÃO

Do que você GOSTA?

1. Qual foi a última coisa que você comeu? ____________________

2. Onde você costuma passar os feriados? ____________________

3. Do que você mais gosta? ☆ SOL ☆ CHUVA ☆ DIAS NUBLADOS

4. Você é: ☆ CAT MANIAC ☆ DOG PERSON

5. O que você prefere? ☆ CAFÉ ☆ CHÁ ☆ LEITE COM CHOCOLATE

6. Qual cidade você prefere? ☆ NOVA YORK ☆ LOS ANGELES

7. E na Europa? ☆ PARIS ☆ LONDRES

8. Qual é o seu maior talento? ____________________

9. Do que você mais gosta: ☆ SELFIE ☆ FOTO COM A GALERA

10. Qual emoji é a sua cara? ____________________

11. No colégio, onde você senta?

☆ NAS PRIMEIRAS CADEIRAS ☆ NO MEIO ☆ NO FUNDÃO

12. Qual foi a coisa mais maluca que você já fez? ____________________

____

____

13. Qual é o lugar que você mais quer conhecer? ____________________

____

14. Qual foi o melhor presente que você já deu à alguém? ____________________

____

15. Qual foi o melhor presente que você já ganhou?

____

16. Pão com... ______________________

17. O que você prefere: ☆ DAR PRESENTE ☆ RECEBER PRESENTE

18. O que é mais importante? ☆ CHOCOLATE ☆ DINHEIRO

19. Qual é a sua estação favorita?

☆ VERÃO ☆ OUTONO ☆ INVERNO ☆ PRIMAVERA

20. Você gosta de surpresas? ______________________

21. Quem seria a sua melhor amiga? ☆ KATY PERRY ☆ DEMI LOVATO

☆ MILEY CYRUS ☆ ARIANA GRANDE ☆ TAYLOR SWIFT

22. Três apps que você não vive sem: ______________________

____

23. Para manter o corpo, você faz: ☆ ACADEMIA ☆ DIETA

☆ ESPORTES ☆ DANÇA ☆ NETFLIX E COBERTOR

24. Três coisas que você quer aprender a fazer: ______________________

____

25. Minha comida preferida é: ☆ HAMBÚRGUER ☆ PIZZA ☆ BATATA FRITA

☆ TEMAKI ☆ SORVETE ☆ CHOCOLATE

26. Qual doce você não viveria sem? ______________________

27. A melhor comida típica é: ______________________

28. Seu quarto é... ☆ CADA COISA NO SEU LUGAR

☆ UMA BAGUNÇA ORGANIZADA ☆ UMA BAGUNÇA

29. Como seria seu quarto dos sonhos? ______________________

____

____

30. Você se considera popular? ☆ SIM ☆ NÃO ☆ NÃO LIGO

seu Estilo

1. O que você está vestindo neste momento? ______________________

____

2. Qual é a sua loja de roupas favorita? ______________________

3. Você prefere: ☐ SAPATO ☐ TÊNIS ☐ CHINELO ☐ SALTO

4. Não pode viver sem: ☐ CORRETIVO ☐ BATOM ☐ MÁSCARA ☐ BASE ☐ BLUSH ☐ GEL ☐ PERFUME

5. Como você descreveria seu estilo? ______________________

____

6. Você gosta mais de: ☐ PRATA ☐ DOURADO

7. Estampa preferida: ☐ LISTRAS ☐ FLORAL ☐ XADREZ ☐ BOLINHAS ☐ NÃO GOSTO DE ESTAMPAS

8. Com quem você gosta de fazer compras?

☐ SOZINHX ☐ COM SUA MÃE ☐ COM SEUS AMIGXS

9. Qual é a peça favorita do seu armário? ______________________

10. Qual é a cor que mais tem no seu armário? ______________________

11. Acha mais bonito: ☐ SAIA LONGA ☐ SAIA MÍDI ☐ SAIA CURTA

12. O que você mais gosta de comprar? ☐ BOLSAS ☐ SAPATOS ☐ ROUPAS ☐ MAQUIAGEM ☐ BONÉS

13. Qual o seu corte de cabelo favorito? ______________________

14. Como está o seu cabelo hoje? ______________________

____

15. De qual destas cores você pintaria o seu cabelo?

LILÁS   ROSA   PLATINADO   AZUL   VERDE

16. Qual o seu estilo predileto de música? ______________________

17. Qual a música chiclete que está na sua cabeça agora? __________

____

18. Três coisas que você sempre leva, não importa aonde vá: ________

____

19. Você faria tatuagens? SIM   NÃO

20. E piercings? SIM   NÃO

21. Qual tendência fashion você jamais usaria? ___________________

____

22. De um a dez, sua habilidade com o delineador é... __________

23. Como é a sua rotina de beleza? ____________________________

____

24. Você se acha bonitx? SIM   NÃO

25. Como é seu perfume favorito? DOCE   CÍTRICO   FLORAL

26. Como você se veste? ESTILOSX   BÁSICX

27. Como você gosta de ir para piscina/praia? MEIA TAÇA   BOJO

CORTININHA   TOMARA QUE CAIA   MAIÔ   SUNGA   SHORT

28. É do tipo que nunca tem nada para vestir? SIM   NÃO

29. Se pudesse roubar o guarda-roupa de alguém,

de quem seria? ______________________________________

30. Em quem você se inspira na hora de se vestir? ______

____

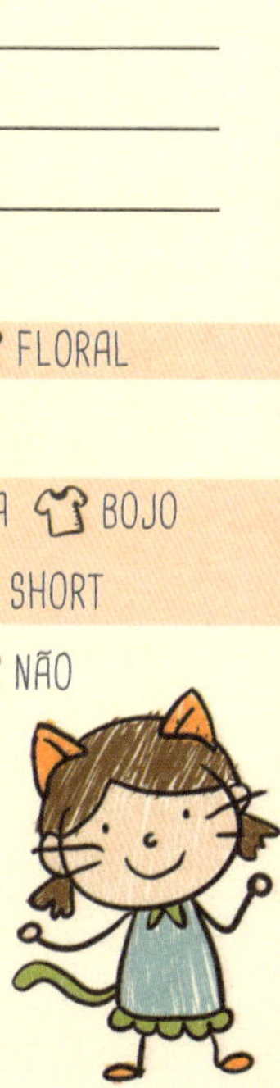

Como você se DIVERTE?

1. Seu tipo de filme favorito: COMÉDIA DRAMA ROMANCE FANTASIA AÇÃO TERROR

2. Qual foi o último filme que você viu? ____________________

3. Onde você prefere ver filmes? EM CASA NO CINEMA

4. Qual foi o último livro que você leu? ____________________

5. De qual *reality show* você participaria? MASTERCHEF AMERICA'S NEXT TOP MODEL BIG BROTHER THE VOICE

6. Qual ator/atriz deveria te interpretar no filme da sua vida? ____________________

7. Qual seria a trilha sonora do filme da sua vida? ____________________

8. Qual é a sua série favorita? ____________________

9. Como seriam as suas férias perfeitas? PRAIA CAMPO EM CASA BALADAS FAZENDO COMPRAS PARQUE DE DIVERSÃO

10. Qual é sua rede social favorita? WHATSAPP INSTAGRAM SNAPCHAT FACEBOOK

11. O que você prefere? NADAR CORRER PEDALAR

12. Qual seria sua estratégia na arena de *Jogos Vorazes*? ____________________

13. O que você faz numa sexta-feira à noite? FESTA COM AMIGXS LIVRO/NETFLIX BALADA PROGRAMINHA PARA DOIS

14. Quem é seu blogueiro favorito? ______________

15. Qual é o seu canal do YouTube preferido? ______________

16. Que pessoa famosa gostaria de ser por um dia? ______________

17. Que tipo de fã você é? DE BOA SEGUE EM TODAS AS REDES ESPERA NA PORTA DO HOTEL CHORA E DESMAIA

18. Qual famoso você gostaria de conhecer? ______________

19. Gosta mais de: YOUTUBE TV

20. Qual celebridade mais te irrita? ______________

21. Se sua vida fosse um seriado, qual seria? ONCE UPON A TIME GLEE PRETTY LITTLE LIARS HOW I MET YOUR MOTHER

22. Como você escolhe um livro? PELA CAPA PELA HISTÓRIA RECOMENDAÇÃO DE AMIGO RESENHA NUM BLOG/VLOG

23. Desenho animado favorito: ______________

24. Se você fosse um personagem de um livro, quem seria? ______________

____

25. Se você pudesse namorar um personagem de um livro, quem seria? ______________

26. Seu dia tem o mesmo número de horas que o da Beyoncé? SIM NÃO

27. Qual o último show a que você assistiu? ______________

____

28. Gosta de caraoquê? SIM NÃO

29. O que você prefere: PARQUE SHOPPING

30. Canta no chuveiro? SIM NÃO

Relacionamentos

1. Você já se apaixonou? SIM NÃO

2. Você está apaixonadx neste momento? SIM NÃO

3. Você já se apaixonou por umx amigx? SIM NÃO

4. Você já beijou? SIM NÃO

5. Como foi o seu primeiro beijo?__________________________

____

6. Como é o primeiro beijo perfeito? _______________________

____

7. Acredita em amor à primeira vista? SIM NÃO

8. Com quem você gostaria de viver uma história de amor? ________

____

9. O que você prefere? FICAR NAMORAR ENROLAR

10. Você já beijou alguém do mesmo sexo? SIM NÃO

11. Quanto tempo seu relacionamento mais longo durou? Com quem foi?__________________________________

12. O que mais te atrai? OLHOS SORRISO CABELO CORPO ESTILO ATITUDE PEGADA

13. Que tipo de pessoa te atrai? ESPORTISTA NERD ALTERNATIVA DESCOLADA DE BOA COM A VIDA

14. Três coisas que umx paquera tem que ter: ______________

____

15. Três coisas que umx paquera não pode ter: ______

____

16. Alguém já se declarou para você? Como foi? _____

____

17. Qual é o seu lugar preferido para paquerar? ______________

____

18. Quando você está solteirx você... ♡ FICA MEIO DEPRÊ EM CASA ♡ SE APAIXONA DE NOVO ♡ VAI À CAÇA ♡ CURTE COM OS AMIGOS

19. Como é o primeiro encontro ideal? ______________________

____

20. Quando você se interessa por alguém, como você age? ♡ CHEGA NELX ♡ ESPERA ELX CHEGAR ♡ FICA NERVOSX

21. Você prefere confiar: ♡ NO CORAÇÃO ♡ NA RAZÃO

22. Você já levou um fora? ♡ SIM ♡ NÃO

23. Qual é a melhor música para ouvir na fossa? ________

____

24. Qual é a melhor música para ouvir juntinho? ______________

25. Qual é o melhor filme para ver juntinho? ________________

26. Já namorou sem gostar da pessoa? ♡ SIM ♡ NÃO

27. Qual é a melhor maneira de chegar em alguém? ♡ PESSOALMENTE ♡ WHATSAPP ♡ PEDINDO PRX AMIGX ♡ BILHETE

28. Você já traiu umx namoradx? ♡ SIM ♡ NÃO

29. Você é bom em guardar segredos? ♡ SIM ♡ NÃO

30. Você é ciumentx? ♡ SIM ♡ NÃO

Passado e Futuro

1. Qual foi o momento mais legal da sua vida até agora? ____________

____

2. Terminando o ensino médio você pretende: ____________

____

3. Que faculdade gostaria de cursar?____________

4. Como seria sua viagem dos sonhos? ____________

5. Para onde seria o intercâmbio perfeito? ____________

6. O que você prefere fazer no intercâmbio? ESTUDAR OUTRA LÍNGUA TRABALHAR FAZER HIGH SCHOOL CURTIR A VIDA

7. Num intercâmbio você prefere morar: SOZINHX COM FAMÍLIA

8. Com o que você gostaria de trabalhar?____________

9. Como você se vê daqui a dez anos? ____________

____

10. Prefere ser: RICX FAMOSX

11. Se você pudesse viajar no tempo, para que momento voltaria?

____

12. O mundo tá precisando de mais__________e de menos__________.

13. Qual é a melhor coisa que vão inventar?____________

14. O que você quer muito que aconteça amanhã?______

____

15. Se pudesse escolher uma cidade no mundo para morar, qual seria? ____________________

16. O que você mudaria no mundo se pudesse? ____________

17. Em quais dessas coisas você acredita? ET · PAPAI NOEL · DEUS · VIDA APÓS A MORTE · CARMA · ANJO

18. Você achou uma lâmpada mágica! Faça três desejos! ____________

____

____

19. Qual é o seu maior arrependimento? ____________

20. Quem é o seu maior herói? ____________

21. Você prefere: VIVER VIAJANDO · TER UM CARGO IMPORTANTE

22. Qual é o seu maior sonho possível? ____________

23. Qual é o seu maior sonho impossível? ____________

24. Qual foi o melhor conselho que já te deram? ____________

____

25. Como você passaria seu dia se o mundo acabasse amanhã?
NUMA FESTA COM AMIGOS · COM A FAMÍLIA EM CASA · COM O AMOR DA SUA VIDA · SOZINHX, TENTANDO FUGIR

27. Se você pudesse trocar de vida por um dia com alguém, com quem seria? ____________________

26. O que você prefere? HUMANAS · EXATAS · BIOLÓGICAS

28. Onde você prefere viver? CIDADE GRANDE · INTERIOR

29. Você sente saudade de alguém? Quem? ____________

30. Quem é a pessoa mais importante na sua vida? ____________

nossa AMIZADE

1. Qual é a lembrança da gente que você mais gosta?____________

____

2. Conte como a gente se conheceu usando cinco palavras:________

____

3. Como seria a sua vida sem mim? ____________________

4. Quem foi sua primeira amizade verdadeira?________________

5. Quem foi a pessoa que mais te magoou?__________________

6. O que te faz se sentir melhor quando você está de mau humor?

____

7. Antes de ligar para mim você ensaia o que vai dizer? ◎ SIM ◎ NÃO

8. Três coisas que a gente tem em comum: __________________

____

9. O que você mais valoriza na nossa amizade? ______________

10. O que amizade significa para você?___________________

____

11. Defina a nossa amizade em uma palavra: ________________

12. Conte uma coisa que ainda não sei sobre você: ____________

____

13. Qual foi a última vez que você chorou?__________________

14. O que machuca mais? ◎ SORRISO FALSO ◎ OLHAR FRIO

15. Você acabou de ganhar uma viagem com seus melhores amigos. Para onde você quer ir? ______________________________

16. O que você considera mais importante?

◎ AMIZADE ◎ FAMÍLIA ◎ DINHEIRO ◎ DEUS

17. O que você sente quando estamos juntxs? ____________________

____

18. Quais são os assuntos que você mais gosta de conversar comigo?

____

19. O que você considera um erro imperdoável? __________________

20. Você me perdoaria se o cometesse? ◎ SIM ◎ NÃO

21. Como você acha que seria nosso reencontro após anos sem nos vermos? ____

22. O lugar mais legal que a gente já foi: __________________________

23. O que pesa mais na sua consciência? ◎ MENTIRA ◎ TRAIÇÃO

24. Você tem fotos comprometedoras na internet? ◎ SIM ◎ NÃO

25. Você sabe a minha senha no Facebook? ◎ SIM ◎ NÃO

26. Quantos amigos você tem no Facebook?________________________

27. Você conhece pelo menos metade dos seus amigos do Facebook?

◎ SIM ◎ NÃO

28. Já ficou bravx e deletou algum amigx do Facebook? ◎ SIM ◎ NÃO

29. Você acha que grandes amigxs podem virar inimigxs? ◎ SIM ◎ NÃO

30. Se você nunca mais fosse me ver, o que gostaria de dizer? ____

____

quem é você?

1. Qual é o seu nome? ______________________

2. Como os seus amigos te chamam? ______________________

3. E aquele apelido secreto que te dá vergonha, qual é? ______________________

____

4. Qual é a sua idade? ______________________

5. Qual é o seu signo? ______________________

6. Você confia na sua intuição? ◯ SIM ◯ NÃO

7. Qual é a sua cor favorita? ______________________

8. Quem aparece primeiro no seu chat do Facebook? ______________________

9. Você tem irmãos? Quantos? ______________________

10. Se pudesse escolher um superpoder, qual seria? ______________________

____

11. Você tem bichinhos de estimação? Quantos e quais? ______________________

____

12. Uma frase que você fala sempre: ______________________

____

13. Uma palavra que te descreve: ______________________

14. O que você mais inventa? ◯ PALAVRAS ◯ MODA ◯ MÚSICAS ◯ HISTÓRIAS ◯ PAIXÕES

15. O que mais te irrita? ______________________

____

16. Você não vive sem: ______________________________

____

17. Você sabe falar outra língua? Qual? ______________________________

18. Sua maior qualidade: ______________________________

19. Seu maior defeito: ______________________________

20. Você prefere: ○ DIA ○ NOITE

21. O que te faz gargalhar? ______________________________

____

22. O que te faz ficar triste? ______________________________

____

23. Você é: ○ TÍMIDX ○ EXTROVERTIDX

24. A primeira coisa que você faz ao acordar: ______________________________

____

25. Seu brinquedo preferido da infância era: ______________________________

26. Melhor hábito: ______________________________

27. Pior hábito: ______________________________

28. Você admite que...

○ DANÇA COMO SE NINGUÉM ESTIVESSE VENDO

○ COSTUMA SORRIR PARA ESTRANHOS NO ÔNIBUS

○ ESCREVE CARTAS QUE NUNCA ENTREGA

○ AMA ASSISTIR A UM SERIADO MUITO BREGA

○ PASSA HORAS *STALKEANDO* PESSOAS NO FACEBOOK

29. Qual foi a última pessoa com quem você falou hoje? ______________________________

30. Você liga para o que os outros falam de você? ○ SIM ○ NÃO

do que você GOSTA?

1. Qual foi a última coisa que você comeu? ____________________

2. Onde você costuma passar os feriados? ____________________

3. Do que você mais gosta? ☆ SOL ☆ CHUVA ☆ DIAS NUBLADOS

4. Você é: ☆ CAT MANIAC ☆ DOG PERSON

5. O que você prefere? ☆ CAFÉ ☆ CHÁ ☆ LEITE COM CHOCOLATE

6. Qual cidade você prefere? ☆ NOVA YORK ☆ LOS ANGELES

7. E na Europa? ☆ PARIS ☆ LONDRES

8. Qual é o seu maior talento? ____________________

9. Do que você mais gosta: ☆ SELFIE ☆ FOTO COM A GALERA

10. Qual emoji é a sua cara? ____________________

11. No colégio, onde você senta?

☆ NAS PRIMEIRAS CADEIRAS ☆ NO MEIO ☆ NO FUNDÃO

12. Qual foi a coisa mais maluca que você já fez? ____________________

____

____

13. Qual é o lugar que você mais quer conhecer? ____________________

____

14. Qual foi o melhor presente que você já deu à alguém? ____________________

____

15. Qual foi o melhor presente que você já ganhou?

____

16. Pão com... ______________________________

17. O que você prefere: ☆ DAR PRESENTE ☆ RECEBER PRESENTE

18. O que é mais importante? ☆ CHOCOLATE ☆ DINHEIRO

19. Qual é a sua estação favorita?

☆ VERÃO ☆ OUTONO ☆ INVERNO ☆ PRIMAVERA

20. Você gosta de surpresas? ______________________________

21. Quem seria a sua melhor amiga? ☆ KATY PERRY ☆ DEMI LOVATO

☆ MILEY CYRUS ☆ ARIANA GRANDE ☆ TAYLOR SWIFT

22. Três apps que você não vive sem: ______________________________

____

23. Para manter o corpo, você faz: ☆ ACADEMIA ☆ DIETA

☆ ESPORTES ☆ DANÇA ☆ NETFLIX E COBERTOR

24. Três coisas que você quer aprender a fazer: ______________________________

____

25. Minha comida preferida é: ☆ HAMBÚRGUER ☆ PIZZA ☆ BATATA FRITA

☆ TEMAKI ☆ SORVETE ☆ CHOCOLATE

26. Qual doce você não viveria sem? ______________________________

27. A melhor comida típica é: ______________________________

28. Seu quarto é... ☆ CADA COISA NO SEU LUGAR

☆ UMA BAGUNÇA ORGANIZADA ☆ UMA BAGUNÇA

29. Como seria seu quarto dos sonhos? ______________________________

____

____

30. Você se considera popular? ☆ SIM ☆ NÃO ☆ NÃO LIGO

seu Estilo

1. O que você está vestindo neste momento? ______________________

____

2. Qual é a sua loja de roupas favorita? ______________________

3. Você prefere: ☐ SAPATO ☐ TÊNIS ☐ CHINELO ☐ SALTO

4. Não pode viver sem: ☐ CORRETIVO ☐ BATOM ☐ MÁSCARA ☐ BASE ☐ BLUSH ☐ GEL ☐ PERFUME

5. Como você descreveria seu estilo? ______________________

____

6. Você gosta mais de: ☐ PRATA ☐ DOURADO

7. Estampa preferida: ☐ LISTRAS ☐ FLORAL ☐ XADREZ ☐ BOLINHAS ☐ NÃO GOSTO DE ESTAMPAS

8. Com quem você gosta de fazer compras?
☐ SOZINHX ☐ COM SUA MÃE ☐ COM SEUS AMIGXS

9. Qual é a peça favorita do seu armário? ______________________

10. Qual é a cor que mais tem no seu armário? ______________________

11. Acha mais bonito: ☐ SAIA LONGA ☐ SAIA MÍDI ☐ SAIA CURTA

12. O que você mais gosta de comprar? ☐ BOLSAS ☐ SAPATOS ☐ ROUPAS ☐ MAQUIAGEM ☐ BONÉS

13. Qual o seu corte de cabelo favorito? ______________________

14. Como está o seu cabelo hoje? ______________________

____

15. De qual destas cores você pintaria o seu cabelo?

LILÁS ROSA PLATINADO AZUL VERDE

16. Qual o seu estilo predileto de música? ____________________

17. Qual a música chiclete que está na sua cabeça agora? __________

____

18. Três coisas que você sempre leva, não importa aonde vá: ________

____

19. Você faria tatuagens? SIM NÃO

20. E piercings? SIM NÃO

21. Qual tendência fashion você jamais usaria? ________________

____

22. De um a dez, sua habilidade com o delineador é... __________

23. Como é a sua rotina de beleza? ____________________

____

24. Você se acha bonitx? SIM NÃO

25. Como é seu perfume favorito? DOCE CÍTRICO FLORAL

26. Como você se veste? ESTILOSX BÁSICX

27. Como você gosta de ir para piscina/praia? MEIA TAÇA BOJO CORTININHA TOMARA QUE CAIA MAIÔ SUNGA SHORT

28. É do tipo que nunca tem nada para vestir? SIM NÃO

29. Se pudesse roubar o guarda-roupa de alguém, de quem seria? ______________________________

30. Em quem você se inspira na hora de se vestir? ______

____

Como você se DIVERTE?

1. Seu tipo de filme favorito: COMÉDIA DRAMA ROMANCE FANTASIA AÇÃO TERROR

2. Qual foi o último filme que você viu? ______________________

3. Onde você prefere ver filmes? EM CASA NO CINEMA

4. Qual foi o último livro que você leu? ______________________

5. De qual *reality show* você participaria? MASTERCHEF AMERICA'S NEXT TOP MODEL BIG BROTHER THE VOICE

6. Qual ator/atriz deveria te interpretar no filme da sua vida? ________

____

7. Qual seria a trilha sonora do filme da sua vida? ______________

____

8. Qual é a sua série favorita? ______________________

9. Como seriam as suas férias perfeitas? PRAIA CAMPO EM CASA BALADAS FAZENDO COMPRAS PARQUE DE DIVERSÃO

10. Qual é sua rede social favorita?

WHATSAPP INSTAGRAM SNAPCHAT FACEBOOK

11. O que você prefere? NADAR CORRER PEDALAR

12. Qual seria sua estratégia na arena de *Jogos Vorazes*? __________

____

13. O que você faz numa sexta-feira à noite? FESTA COM AMIGXS LIVRO/NETFLIX BALADA PROGRAMINHA PARA DOIS

14. Quem é seu blogueiro favorito? ________________

15. Qual é o seu canal do YouTube preferido? ____________

16. Que pessoa famosa gostaria de ser por um dia? _________

17. Que tipo de fã você é? DE BOA · SEGUE EM TODAS AS REDES · ESPERA NA PORTA DO HOTEL · CHORA E DESMAIA

18. Qual famoso você gostaria de conhecer? ____________________

19. Gosta mais de: YOUTUBE · TV

20. Qual celebridade mais te irrita? ___________________________

21. Se sua vida fosse um seriado, qual seria? ONCE UPON A TIME · GLEE · PRETTY LITTLE LIARS · HOW I MET YOUR MOTHER

22. Como você escolhe um livro? PELA CAPA · PELA HISTÓRIA · RECOMENDAÇÃO DE AMIGO · RESENHA NUM BLOG/VLOG

23. Desenho animado favorito: ____________________________

24. Se você fosse um personagem de um livro, quem seria? _________

____

25. Se você pudesse namorar um personagem de um livro, quem seria? ____

26. Seu dia tem o mesmo número de horas que o da Beyoncé? SIM · NÃO

27. Qual o último show a que você assistiu? ___________

____

28. Gosta de caraoquê? SIM · NÃO

29. O que você prefere: PARQUE · SHOPPING

30. Canta no chuveiro? SIM · NÃO

Relacionamentos

1. Você já se apaixonou? ♡ SIM ♡ NÃO

2. Você está apaixonadx neste momento? ♡ SIM ♡ NÃO

3. Você já se apaixonou por umx amigx? ♡ SIM ♡ NÃO

4. Você já beijou? ♡ SIM ♡ NÃO

5. Como foi o seu primeiro beijo? ______________________________

____

6. Como é o primeiro beijo perfeito? ___________________________

____

7. Acredita em amor à primeira vista? ♡ SIM ♡ NÃO

8. Com quem você gostaria de viver uma história de amor? _________

____

9. O que você prefere? ♡ FICAR ♡ NAMORAR ♡ ENROLAR

10. Você já beijou alguém do mesmo sexo? ♡ SIM ♡ NÃO

11. Quanto tempo seu relacionamento mais longo durou? Com quem foi? ____

12. O que mais te atrai? ♡ OLHOS ♡ SORRISO ♡ CABELO ♡ CORPO ♡ ESTILO ♡ ATITUDE ♡ PEGADA

13. Que tipo de pessoa te atrai? ♡ ESPORTISTA ♡ NERD ♡ ALTERNATIVA ♡ DESCOLADA ♡ DE BOA COM A VIDA

14. Três coisas que umx paquera tem que ter: ______________

____

15. Três coisas que umx paquera não pode ter: ______

______

16. Alguém já se declarou para você? Como foi? ______

______

17. Qual é o seu lugar preferido para paquerar? ______

______

18. Quando você está solteirx você... ♡ FICA MEIO DEPRÊ EM CASA ♡ SE APAIXONA DE NOVO ♡ VAI À CAÇA ♡ CURTE COM OS AMIGOS

19. Como é o primeiro encontro ideal? ______

______

20. Quando você se interessa por alguém, como você age? ♡ CHEGA NELX ♡ ESPERA ELX CHEGAR ♡ FICA NERVOSX

21. Você prefere confiar: ♡ NO CORAÇÃO ♡ NA RAZÃO

22. Você já levou um fora? ♡ SIM ♡ NÃO

23. Qual é a melhor música para ouvir na fossa? ______

______

24. Qual é a melhor música para ouvir juntinho? ______

25. Qual é o melhor filme para ver juntinho? ______

26. Já namorou sem gostar da pessoa? ♡ SIM ♡ NÃO

27. Qual é a melhor maneira de chegar em alguém? ♡ PESSOALMENTE ♡ WHATSAPP ♡ PEDINDO PRX AMIGX ♡ BILHETE

28. Você já traiu umx namoradx? ♡ SIM ♡ NÃO

29. Você é bom em guardar segredos? ♡ SIM ♡ NÃO

30. Você é ciumentx? ♡ SIM ♡ NÃO

passado e Futuro

1. Qual foi o momento mais legal da sua vida até agora? ____________

____

2. Terminando o ensino médio você pretende: ________________

____

3. Que faculdade gostaria de cursar?________________

4. Como seria sua viagem dos sonhos? ________________

5. Para onde seria o intercâmbio perfeito? ________________

6. O que você prefere fazer no intercâmbio? ESTUDAR OUTRA LÍNGUA TRABALHAR FAZER HIGH SCHOOL CURTIR A VIDA

7. Num intercâmbio você prefere morar: SOZINHX COM FAMÍLIA

8. Com o que você gostaria de trabalhar?________________

9. Como você se vê daqui a dez anos? ________________

____

10. Prefere ser: RICX FAMOSX

11. Se você pudesse viajar no tempo, para que momento voltaria?

____

12. O mundo tá precisando de mais__________e de menos__________.

13. Qual é a melhor coisa que vão inventar?________________

14. O que você quer muito que aconteça amanhã?________

____

15. Se pudesse escolher uma cidade no mundo para morar, qual seria? ___________________________

16. O que você mudaria no mundo se pudesse? ___________

17. Em quais dessas coisas você acredita? ET PAPAI NOEL DEUS VIDA APÓS A MORTE CARMA ANJO

18. Você achou uma lâmpada mágica! Faça três desejos! ___________

____

____

19. Qual é o seu maior arrependimento? ___________________

20. Quem é o seu maior herói? ___________________________

21. Você prefere: VIVER VIAJANDO TER UM CARGO IMPORTANTE

22. Qual é o seu maior sonho possível? ___________________

23. Qual é o seu maior sonho impossível? ___________________

24. Qual foi o melhor conselho que já te deram? ___________

____

25. Como você passaria seu dia se o mundo acabasse amanhã?

NUMA FESTA COM AMIGOS COM A FAMÍLIA EM CASA

COM O AMOR DA SUA VIDA SOZINHX, TENTANDO FUGIR

27. Se você pudesse trocar de vida por um dia com alguém, com quem seria? ___________________________

26. O que você prefere? HUMANAS EXATAS BIOLÓGICAS

28. Onde você prefere viver? CIDADE GRANDE INTERIOR

29. Você sente saudade de alguém? Quem? ___________

30. Quem é a pessoa mais importante na sua vida? ___________

nossa AMIZADE

1. Qual é a lembrança da gente que você mais gosta?______________

____

2. Conte como a gente se conheceu usando cinco palavras:________

____

3. Como seria a sua vida sem mim? ____________________________

4. Quem foi sua primeira amizade verdadeira?____________________

5. Quem foi a pessoa que mais te magoou?_______________________

6. O que te faz se sentir melhor quando você está de mau humor?

____

7. Antes de ligar para mim você ensaia o que vai dizer? ◎ SIM ◎ NÃO

8. Três coisas que a gente tem em comum: _______________________

____

9. O que você mais valoriza na nossa amizade? ___________________

10. O que amizade significa para você?__________________________

____

11. Defina a nossa amizade em uma palavra: ______________________

12. Conte uma coisa que ainda não sei sobre você: _______________

____

13. Qual foi a última vez que você chorou?_______________________

14. O que machuca mais? ◎ SORRISO FALSO ◎ OLHAR FRIO

15. Você acabou de ganhar uma viagem com seus melhores amigos. Para onde você quer ir? ______________________

16. O que você considera mais importante?

◎ AMIZADE ◎ FAMÍLIA ◎ DINHEIRO ◎ DEUS

17. O que você sente quando estamos juntxs? ________________

____

18. Quais são os assuntos que você mais gosta de conversar comigo?

____

19. O que você considera um erro imperdoável? ______________

20. Você me perdoaria se o cometesse? ◎ SIM ◎ NÃO

21. Como você acha que seria nosso reencontro após anos sem nos vermos? ____

22. O lugar mais legal que a gente já foi: ___________________

23. O que pesa mais na sua consciência? ◎ MENTIRA ◎ TRAIÇÃO

24. Você tem fotos comprometedoras na internet? ◎ SIM ◎ NÃO

25. Você sabe a minha senha no Facebook? ◎ SIM ◎ NÃO

26. Quantos amigos você tem no Facebook?_________________

27. Você conhece pelo menos metade dos seus amigos do Facebook?

◎ SIM ◎ NÃO

28. Já ficou bravx e deletou algum amigx do Facebook? ◎ SIM ◎ NÃO

29. Você acha que grandes amigxs podem virar inimigxs? ◎ SIM ◎ NÃO

30. Se você nunca mais fosse me ver, o que gostaria de dizer? ____________________________________

____